MUNDIALIZACIÓN
DIEZ TESIS Y OTROS ARTÍCULOS

José María Vidal Villa

MUNDIALIZACIÓN

DIEZ TESIS Y OTROS ARTÍCULOS

Icaria ♣ Antrazyt

Diseño de la colección: Josep Bagà
Fotografía de la cubierta: Greenpeace / D. Beltrá

ICARIA editorial, s.a.
Ausiàs Marc, 16, 3r. 2a./ 08010 Barcelona

ISBN: 84-7426-276-3
Depósito legal: B-6.337-1996

Impreso por Romanyà/Valls, S.A.
Verdaguer 1, Capellades (Barcelona)

ÍNDICE

I. HACIA UNA ÚNICA ECONOMÍA CAPITALISTA MUNDIAL[1]

1. El tema no es nuevo: aportaciones de los clásicos del marxismo

El tema de la mundialización económica no es nuevo, aunque su estudio e interpretación alcance en nuestros días su mayor difusión. Fueron, entre otros, autores marxistas quienes primero lo abordaron.

Aunque el marxismo atraviese una de las peores épocas de su historia, sometido a una operación de «acoso y derribo» desde todos los ángulos, desde el propio pensamiento burgués «puro y duro» hasta los reformistas socialdemócratas que cantan con alegría el «fin del marxismo», lo cierto es que el análisis marxista de la realidad sigue siendo sumamente útil para conocerla y, quizá, con ánimo de llevar la contraria a la moda imperante, diré que es el único capaz de reconocerla en toda su amplitud.

Sin entrar en una defensa global del pensamiento marxista, me ceñiré únicamente al tema de la economía mundial. Ya a finales del siglo pasado y principios del presente, un selecto grupo de autores de esta tendencia supo ver la dinámica interna que llevaba al capitalismo hacia la mundialización. Los nombres de R. Hilferding, K. Kautsky,

1 Este texto corresponde a una conferencia pronunciada en la Fundación Ortega y Gasset de Madrid, en Julio de 1990, en el ciclo sobre «Revolución tecnológica y cambio económico-social: la sociedad del siglo XXI».

Rosa Luxemburg, N. Bujarin y Lenin, están indisolublemente unidos a esta premonición del futuro capitalista mundial. Sus aportaciones, efectuadas en agria polémica entre sí —por ejemplo, Lenin y Bujarin, contra Kautsky; Lenin contra Rosa Luxemburg—, siguiendo la tónica polemizadora de la época (que dicho sea de paso ha desaparecido por completo de nuestra actual literatura «especializada»), mantienen hoy una vigencia considerable, con una agudeza y lucidez imposible de encontrar en ninguno de los economistas burgueses contemporáneos de ellos.

Efectivamente, mientras la economía burguesa se empantanaba en la teoría subjetiva del valor o en la elaboración de «óptimos» al estilo de Pareto, los marxistas pusieron de manifiesto las tendencias profundas del capitalismo, esquematizándolas al extremo, a saber:

— El capitalismo había dejado de ser competitivo para pasar a ser monopolista, dirigido por el capital financiero, en el cual el agente esencial era la banca.

— El capitalismo había consolidado su expansión *internacional* creando grandes imperios coloniales.

— Esa expansión imperialista se producía mediante una áspera y violenta competencia entre Estados nacionales, competencia que daba —y daría— origen a guerras, entre otras la primera guerra mundial.

— Pero, a pesar de dicha competencia económica y dicha lucha armada interimperialista, se podían percibir en el trasfondo las tendencias intrínsecas del capitalismo hacia la formación de un *trust* único mundial y de un único Estado mundial, tendencias bien apreciadas, aunque desde distintos ángulos y con diferentes argumentaciones, por todos los autores citados.

Es decir, mientras se preparaba o desarrollaba una de las contiendas más sangrientas de la Historia, estos autores supieron ver más allá y descubrieron la tendencia profunda del capitalismo: la *mundialización*. Sus contemporáneos burgueses sólo vieron en ello la actitud de visionarios o de investigadores «poco serios». Hoy, nadie recuerda a dichos autores, prácticamente hundidos en el olvido (Harms, Stahler, Baumgart, Le Carpentier, Wiedenfeld,

Sombart, Lewin, Riesser, Goldstein, von Waltershausen, Szabo, Grunzel, Issaiev, Kurtchinsky, Oppenheimer, Krahmann, Kunow, Viper y tantos otros). Y sin embargo, las «profecías» iluminadas de los Hilferding, Kautsky, Bujarin o Rosa Luxemburg están cumpliéndose. Veamos algunas citas oportunas.

Por ejemplo, Lenin, en su prefacio a la obra de Bujarin *La economía mundial y el imperialismo* de 1915, escribe lo siguiente:

«Está fuera de duda que la evolución tiende a la creación de un *trust* único mundial, que comprende todas las industrias y todos los Estados, sin excepción. Pero la evolución se cumple en circunstancias tales, a un ritmo tal y a través de tales antagonismos, conflictos y trastornos —no solamente económicos, sino políticos, nacionales, etc.— que *antes de llegar a la creación* de un *trust* único mundial, antes de la fusión «superimperialista» universal de los capitales, el imperialismo deberá fatalmente quebrantarse y el capitalismo se convertirá en su contrario».

Lenin atina en el diagnóstico: el capitalismo tiende a la mundialización, pero se aventura demasiado en el pronóstico final: la transformación en su contrario. ¿O no se equivoca? ¿O será posible dicha transformación en el proceso de consolidación de la mundialización y la última pugna por la supervivencia de los Estados nacionales, es decir, en un próximo futuro? Es posible. Lo que Lenin no podía prever era que surgiría algo diferente en el camino, precisamente la sociedad que él contribuyó a crear, la URSS, que frenaría o dificultaría dicho proceso, al menos durante un período bastante largo.

O estas palabras de Rosa Luxemburg, en las últimas páginas de su *Introducción a la Economía Política*:

«...La dominación y la dirección del capital se extienden por toda la Tierra, mediante la creación de un mercado mundial; el modo de producción capitalista se extiende también por todo el globo. Ahora bien, las necesidades de expansión de la producción y el territorio sobre el que pueden extenderse, están en una relación cada vez más tensa... cuanto más substituye la producción capitalista a los modos de producción más atrasados, más estrechos son los límites del mercado creado para la obtención de beneficios...

Si imaginamos que el desarrollo del capitalismo está tan avanzado que sobre la superficie del globo todo se produce de forma capitalista... (entonces) la imposibilidad del capitalismo aparece claramente».

De nuevo la mundialización del capitalismo. Y de nuevo la inexorabilidad de su fin como tal, en este caso inmerso en los recovecos de la teoría del derrumbe, elaborada, entre otros, por la propia Rosa Luxemburg.

Y Rudolf Hilferding, creador de la conceptualización sobre el *capital financiero*, en su obra del mismo nombre:

«Si se pregunta donde se sitúan los límites de la cartelización, se está obligado a responder que no existen tales límites. Se observa, por el contrario, una tendencia de la cartelización a extenderse constantemente. Las ramas independientes caen más y más bajo la dependencia de las ramas cartelizadas, que terminan anexionándoselas. Este proceso debería tener por resultado la constitución de un cartel universal...Un cartel universal que dirigiera la totalidad de la producción y suprimiera las crisis sería económicamente posible; se lo puede concebir muy bien económicamente pero social y políticamente esta obra es irrealizable, supuesto que el antagonismo de intereses, que parece llevar hasta el extremo, daría forzosamente por resultado su desaparición».

Una vez más: es posible la universalización capitalista desde el punto de vista económico, es más, es una tendencia observada. Pero no es posible social y políticamente, pues la lucha de clases, de una forma u otra, lo frenará.

O Kautsky, cuando afirma que

«...esta nueva faz del capitalismo (el superimperialismo, entendido como alianza internacional de los imperialismos nacionales) es, en todo caso, teóricamente concebible... (Pero) sobre si es realizable, no tenemos todavía premisas suficientes para resolver la cuestión».

De entre todos estos autores, el que más profundiza en el tema y con mayor acierto es Bujarin. En su famoso trabajo de 1915 sobre «La economía mundial y el imperialismo» establece la conceptualización y la argumentación precisas para abordar esta problemática, de la cual, bueno es recordarlo, se carecía en su época. Por ejemplo, en su definición de economía mundial:

«Podemos definir la economía mundial como un *sistema de relaciones de producción y de las relaciones de cambio correspondientes que abrazan la totalidad del mundo*».

Es la definición moderna de sistema capitalista mundial, entendido como estructura de estructuras. O su avance de la teoría del Sistema capitalista mundial integrado por un Centro y una Periferia:

«El capitalismo mundial, el sistema de producción mundial, ha tomado en el curso de estos últimos años el siguiente aspecto: algunos cuerpos económicos organizados y coherentes (las grandes potencias civilizadas) y una periferia de países retrasados que viven bajo un régimen agrario o semiagrario. El proceso de organización tiende a salir del marco nacional; pero entonces aparecen dificultades mucho más serias».

Es la identificación del Centro y la Periferia, precisamente en los mismos momentos en los que el Sistema está constituyéndose.

Bujarin no se hace ilusiones sobre el carácter pacífico de la expansión imperialista:

«...los intereses del capital financiero exigen en nuestros días, ante todo, la expansión del territorio nacional; es decir, una política de conquista, de presión directa de la fuerza militar, de anexión imperialista».

Porque, en efecto, Bujarin razona aquí aún en términos de *economías nacionales que se expanden*, es decir, que ensanchan sus fronteras, protegidas por aduanas y legislaciones diferenciadas, lo que él indica gráficamente así:

«De este modo, paralelamente a la internacionalización de la economía y del capital, se realiza un proceso de aglomeración nacional, de nacionalización del capital».

Es la época del reforzamiento de los Estados-nación capitalistas y del auge de las rivalidades interimperialistas, pero ello se desarrolla con el telón de fondo de *la internacionalización de la economía y el capital*. Esa es la contradicción del momento y en ella domina aún el Estado-nación.

Y como conclusión dice Bujarin:

«Recapitulemos. El desarrollo de las fuerzas productivas del capitalismo mundial ha dado un salto gigantesco en el curso de las últimas décadas (entre 1870 y 1915). En el proceso de lucha competitiva, la gran producción ha salido victoriosa en todas partes... Cada una de las «economías nacionales» desarrolladas, en el sentido capitalista de la palabra, se han transformado en una especie de *trust* nacional de Estado...».

Y tras exponer la evolución del capitalismo nacional y la agudización de la competencia interimperialista llega a la siguiente conclusión:

«El proceso de internacionalización de los intereses capitalistas... obliga imperiosamente a la formación de un *trust* capitalista estatal internacional.... (A pesar de las enormes resistencias del «capitalismo nacional») es cierto que, a fin de cuentas, la tendencia a la internacionalización se impondrá, pero solamente después de un largo período de ásperas luchas entre los *trusts* capitalistas nacionales».

Así ha sido. Dos guerras mundiales, una crisis económica mundial generalizada (años 30), un recrudecimiento del nacionalismo (nazis y fascistas), millones de muertos, miseria y destrucción, es el precio que ha tenido que pagar la humanidad para que las relaciones de producción se impongan sobre la superestructura, frase con olor a versículo sagrado pero nunca de mejor aplicación. Efectivamente, al fin y a la postre, la tendencia profunda del capitalismo —la mundialización— se ha abierto camino y hoy la expansión ya no requiere la anexión de territorios y su cobijo dentro de fronteras nacionales. Hoy la expansión capitalista «salta» las fronteras e invade los territorios sin necesidad de conquistarlos y anexionarlos.

2. La mundialización de la economía capitalista, hoy: realidad y perspectivas

Los pronósticos y premoniciones de los autores citados se están cumpliendo en parte. Aunque no plenamente, la tendencia es ya obvia y hasta los «serios» economistas burgueses empiezan a reconocerla. Por ejemplo, Jan Tinbergen, los economistas del Club de Roma, incluso algunos tecnócratas de organismos internacionales.

Efectivamente, a la segunda guerra mundial le sucedió un período de auge del capitalismo bajo hegemonía norteamericana y un nuevo «estilo» en las relaciones internacionales: competencia «leal» entre aliados y expolio generalizado del Tercer Mundo por parte de todos, sin necesidad de repartirse territorialmente el pastel. Ello facilitó la descolonización, que aun así costó muchos miles, sino millones de muertos.

Surgió así un mundo de países «libres y soberanos» pero más dependientes que nunca del Sistema mundial capitalista ya consolidado: el Centro y la Periferia alcanzaron su máxima expresión.

Sólo desafinaban en esta sinfonía los países socialistas: URSS, China y otros que no se resignaban a su función periférica en el sistema y emprendían una vía no capitalista de desarrollo. Ello implicó la política de bloques y la guerra fría.

Pero la base económica seguía avanzando y sus desarrollos eran cada vez más palpables. Veámoslos, en resumen:

— En la *infraestructura*:

El desarrollo de las fuerzas productivas ha sido de tal naturaleza que ha permitido *físicamente* la unificación de los procesos productivos, aun cuando estos se desarrollen a distancias considerables. Las comunicaciones y los transportes se han revolucionado de tal manera que el espacio está empezando a dejar de ser un obstáculo para el libre movimiento de las personas y las cosas (básicamente de los capitalistas y de las mercancías). Por otra parte, la generalización de las modernas tecnologías, informática, robótica, etc. y la utilización de nuevos materiales (uranio, fibra óptica, sílice, etc.) ha modificado sensiblemente los procesos productivos.

— En la *estructura*:

En el terreno de las relaciones de producción lo esencial es el triunfo absoluto del capital financiero. Dos son los agentes principales de este triunfo:

— Las empresas multinacionales, cuyo ámbito de acción ya no es un país sino el mundo en su conjunto y

— la Banca internacional, que ejerce su función de centralizadora del capital en el mundo entero.

Ciertamente, aún no se ha llegado a la situación de «un único *trust* mundial», pero se está cerca. Perduran aún ciertas tensiones de bloque, básicamente entre las grandes potencias capitalistas: EE.UU., Japón y la Comunidad Europea. (Efectivamente, la C.E. y no cada uno de sus países, precisamente los más enfrentados entre sí en épocas anteriores).

El resultado de este proceso es la formación de un mercado mundial, es decir, de precios mundiales para la mayoría de mercancías. Es este mercado *mundial* el ámbito en el que se desarrolla la acumulación de capital.

Pero el capitalismo sigue desarrollándose cíclicamente y entre 1967 y 1973 entró en crisis general, de superproducción. El mundo, tal como se había configurado hasta entonces, empezaba a quedarse estrecho. La ampliación solo podía provenir de dos horizontes:

— el desarrollo de los países del Tercer Mundo, convirtiéndolos en nuevos centros (este experimento es el que ha dado lugar a los llamados nuevos países industrializados)

— o, como decía R. Luxemburg, la absorción de países no capitalistas, es decir, en nuestro mundo actual, los países socialistas.

Al parecer, las circunstancias históricas han determinado que sea esta segunda la solución adoptada. Sin entrar a razonar las causas del desmoronamiento de los países socialistas, lo que cabe concluir desde el punto de vista de la *mundialización del sistema capitalista* es que la absorción de los países socialistas representa un balón de oxígeno considerable y de hecho constituye una ampliación efectiva del sistema.

— En la *superestructura*:

Los cambios más notables en la superestructura corresponden a la aparición de una tupida red de organismos internacionales que abarcan desde lo económico hasta lo que constituye el meollo mismo del Estado capitalista: lo militar.

En efecto, en el terreno de la economía la competencia se desarrolla dentro de marcos regulados: GATT, FMI, BM y otros son organismos que establecen las reglas del juego de la competencia intercapitalista. Por otra parte, algunos Estados-nación capitalistas están creando las bases para uniones económicas efectivas: la ya mencionada C.E., el Tratado de libre comercio de EE.UU., Canadá y México (TLCNA), etc. Es decir, de una forma paulatina los Estados-nación van cediendo soberanía ante organismos supranacionales.

En el terreno militar, la OTAN es el garante de los *intereses colectivos de los capitalistas occidentales*, a los que cabe añadir, en virtud de los pactos con EE.UU., a los japoneses.

Pero, a pesar de la existencia de estos embriones de Estado mundial, lo que hay que señalar es que aún pesan de forma considerable los Estados-nación. Pero no del mismo modo que en la época de Bujarin. La contradicción sigue siendo la misma: *mundialización de la base económica/pervivencia de los Estados-nación*.

Pero el acento ha cambiado. A principios de siglo se situaba sobre los Estados-nación, que eran precisamente impulsores de la internacionalización del capital y de la economía. Hoy, los Estados-nación empiezan a ser un freno de este proceso. Y es sabido que la burguesía, cuando aparece un freno en su camino, suele eliminarlo. No dudó en hacerse atea y laica cuando le convino, ni en hacerse militarista y racista, ni en acabar con rancias tradiciones, ni en eliminar antiguas civilizaciones. Cuando el Estado-nación se convierta en un obstáculo inaguantable para el desarrollo de la internacionalización del capital y la mundialización de la economía, es evidente que serán los capitalistas sus propios sepultureros.

¿Qué se creará en lugar de los Estados-nación? Un Estado mundial, es la respuesta más convincente. Será entonces cuando las profecías de Hilferding, Lenin, Luxemburg, etc. cobrarán sentido. Es decir, los proletarios, los pueblos del mundo oprimido, ¿aceptarán este proceso sin rechistar? ¿O serán ellos, una vez más, los que transformen este proceso en su contrarío, como auguraba

Lenin? En ese terreno prefiero no entrar. Pero cabe señalar que, tras el desmoronamiento del bloque socialista, las contradicciones de clase cobran más que nunca su aspecto fundamental, que es de índole mundial. La lucha de clases se mundializa y de una forma u otra enfrentará abiertamente al Centro y a la Periferia del Sistema, ambos polos cuya evolución desigual provocará el desenlace de esta estructura fuerte que es el Sistema capitalista mundial. Y quizá, como síntesis dialéctica de ese proceso, surja una nueva etapa en la historia humana, la etapa comunista, profetizada a su vez por otros clásicos, también hoy condenados al desván de la historia por los economistas «serios»: me refiero a Marx y a Engels.

II. REFLEXIONES SOBRE TENDENCIAS DE LA ECONOMÍA MUNDIAL[1]

Las profundas modificaciones que están produciéndose en el contexto internacional, provocadas por el desmoronamiento del llamado *socialismo real* en el conjunto de países de Europa Central y Oriental y en la propia URSS, con una inexorable tendencia hacia la configuración de una *economía capitalista*, es decir, la restauración plena del capitalismo, obligan a hacer una reflexión detenida y novedosa de las tendencias profundas de la economía capitalista mundial. Los siguientes puntos son elementos de reflexión a este respecto.

Fase actual del capitalismo

La fase de *capitalismo competitivo*, caracterizada por el imperio de la libre competencia y la formación de mercados interiores protegidos por poderosos Estados-nación, abrió paso (a través de la acción del ciclo económico capitalista, de la concentración y centralización de capitales) a una segunda fase de *capitalismo monopolista de base nacional*, caracterizada por la aparición de grandes corporaciones nacionales, destrucción de la libre competencia en

1 Este texto corresponde a una conferencia presentada en las Jornadas sobre Economía organizadas por Iniciativa per Catalunya en noviembre de 1990.

el interior de los mercados nacionales y expansión del *imperialismo* en todo el planeta. Esta segunda fase estuvo marcada por una gran crisis económica —la del 29 y la depresión de los años 30— y por dos guerras mundiales interimperialistas.

El desenlace de la 2.ª guerra mundial abrió paso a una nueva fase, la de la *internacionalización del capital* y de la *acumulación a escala mundial* que es precisamente la fase actual del capitalismo.

Contexto internacional de la fase actual del capitalismo

A diferencia de las fases anteriores, el proceso de internacionalización del capital y de *mundialización* de la economía se produce en un marco internacional distorsionado por la existencia de dos *bloques político-económicos*.

Por una parte, el Sistema capitalista mundial, que se articuló en torno a la hegemonía indiscutida de los Estados Unidos, tanto a nivel económico, como político y militar y, por otra, la URSS y el llamado campo socialista, que aparece como enemigo irreconciliable del capitalismo —su opuesto— y por consiguiente el enfrentamiento se polariza entre ambos bloques con *sistemas económicos diferentes*. Ello da lugar a la situación denominada *guerra fría*, a la carrera armamentista y, lo que es más importante, a la aparente *dilución de las contradicciones interimperialistas*. Mientras duró ese estado de cosas, el enemigo principal del Sistema capitalista era la URSS, sus aliados y los pueblos en vías de liberación nacional y no las diferencias entre unos países capitalistas y otros. Las contradicciones interimperialistas se situaban claramente en un segundo plano.

Retroceso aparente del Sistema capitalista mundial

El proceso histórico que va desde 1945 hasta aproximadamente la última mitad de los años 80 se caracterizó por lo que parecía ser un irresistible y definitivo avance del socialismo. Uno tras otro, numerosos países se desconectaban del Sistema capitalista mundial —Europa Oriental y Central, China, Corea del Norte, Cuba, Vietnam, Laos, Camboya, Yemen, Angola, Guinea, Mozambique, Etiopía, Nicaragua, etc.— y en otros, los movimientos de liberación nacional representaban la esperanza de liberación y construcción del socialismo, es decir, la opción política y económica *anticapitalista*. Todo parecía indicar que el Sistema capitalista estaba en claro retroceso histórico y que las fuerzas del progreso —entendidas como las fuerzas socialistas— acabarían imponiéndose.

La crisis económica mundial y el cambio de tendencia

En 1967 se inician los primeros síntomas de agotamiento del auge de post-guerra. Estados Unidos tiene por vez primera un saldo desfavorable en su balanza comercial y tras ello, el sistema monetario basado en la paridad moneda nacional-dólar-oro entra en crisis. En el propio Centro del Sistema se producen situaciones de alta tensión entre los países más desarrollados. Todo ello es efecto del desarrollo desigual del capitalismo y de la pérdida de hegemonía relativa norteamericana a favor de sus aliados europeos y Japón. La crisis se generaliza en 1973, merced a la subida de los precios del petróleo decretada por la OPEP y afecta a todos los países del sistema capitalista, e incluso comienza a golpear a los países del otro bloque, los del «campo socialista».

No obstante, el contexto internacional de guerra fría y de política de bloques impide que las contradicciones intercapitalistas se manifiesten violentamente. Lo principal en este período es aún el «peligro comunista». No en vano Estados Unidos acaba de perder su primera guerra de agresión en Vietnam. El retroceso capitalista parece un hecho consumado.

En el otro extremo de la contradicción, es decir, en los países de socialismo real, la situación no es muy halagüeña. La ruptura chino-soviética, el estancamiento en los países de Europa Central y Oriental y en la propia URSS y la imposibilidad manifiesta de *desarrollar* a los países que se liberan del capitalismo en el Tercer

Mundo, hace entrar en crisis a una concepción del mundo basada en la constitución de economías y sistemas políticos a imagen y semejanza del soviético. La primavera de Praga, el notable éxito del reaccionario sindicato Solidaridad en Polonia y la invasión de Afganistán son tres síntomas de la imposibilidad de expansión, incluso de mantenimiento indefinido, de ese estado de cosas. Ideológicamente, por otra parte, empieza a perderse la identificación entre *progreso* y *socialismo de tipo soviético* y el pensamiento marxista entra en una profunda crisis de identidad (hay quien anuncia el fin del marxismo como método científico y lo coloca como uno más de los distintos pensamientos del siglo XIX, sin utilidad alguna en nuestros días).

La crisis mundial acaba por desviarse con vigor hacia los países del Tercer Mundo (crisis de la deuda) y, al propio tiempo, agota las posibilidades de desarrollo en los países del campo socialista.

Efectos de la crisis económica en los países «socialistas»

La crisis económica origina un veloz cambio tecnológico en los países capitalistas, que los socialistas no están en condiciones de asumir, debido a la enorme rigidez del sistema de planificación central. A ello se une la insatisfacción de las masas populares de esos países, que si bien gozan de niveles de vida nunca antes alcanzados, con un nivel de seguridad en el trabajo, de consumo y de satisfacción de las necesidades sociales alto e igualitario, no logran los niveles de «bienestar» propios de los países desarrollados de Occidente. La alucinación del consumo de masas, de los mercados llenos, del acceso a los niveles de Occidente, hace olvidar las ventajas objetivas del socialismo y las desventajas también objetivas del capitalismo. Si a ello se une una falta total de democracia formal, la difusión de la corrupción en el seno de las burocracias dominantes y un reflujo del ímpetu revolucionario a nivel mundial, queda configurada una situación social extremadamente proclive al cambio de sistema, es decir, una aceptación y un deseo manifiesto, popular, de restauración del capitalismo.

Por ello, la perestroika de Gorbachov cayó en campo abonado y sólo encontró resistencias en los sectores más aferrados al viejo estilo, en general, la burocracia estatal. Y por ello también los regímenes de Europa Central y Oriental se desmoronaron al primer «soplido». Y aquí hay que señalar que ese desmoronamiento no se debió, como pretendió hacer creer la prensa occidental en su afán de crear mitologías, a la lucha *activa* de los pueblos de Europa Oriental y de la URSS, sino a la oposición *pasiva* generalizada de todos los pueblos y a una decisión consciente de los partidos comunistas que decidieron acabar, de una vez por todas, con la ficción. Con mayor o menor rapidez, en seis meses, más o menos, desapareció el tan temido «telón de acero» con toda la parafernalia que conocemos (caída del muro de Berlín, ejecución de Ceaucescu, Havel en Checoslovaquia, etc.) que se saldó, en definitiva, con la absorción de la RDA por Alemania Occidental y con la victoria generalizada de fuerzas de derecha en las elecciones celebradas en todos estos países (no obstante, hay que resaltar la escasa participación popular en dichas elecciones; lo que hace pensar que esos pueblos no querían democracia sino consumo).

Los procesos de Europa Central y Oriental fueron muy rápidos. El de la URSS lo fue menos, pero se dirigió inexorablemente hacia una misma solución: restauración del capitalismo, implantación de un régimen democrático burgués y desmembramiento de la Unión.

Efectos de la crisis económica en el Sistema capitalista mundial

La crisis económica afecta al Sistema capitalista mundial de manera diferente en el Centro y en la Periferia del Sistema.

En el Centro:

Se abandonan de forma generalizada las políticas económicas de corte keynesiano y se adoptan duras políticas monetaristas, neoliberales. Se ensalzan hasta la saciedad las ventajas del libre mercado y se abandonan los postulados de la Economía del Bienestar, no de forma absoluta, pues ello dañaría sensiblemente el nivel de vida de los ciudadanos, sino de forma relativa, lo cual conduce a la aparición de grupos sociales amplios que suelen denominarse genéricamente *marginados*. Esta política neoliberal, encabezada por Reagan y Thatcher se extendió por todo el mundo capitalista.

A nivel más profundo, en la base económica, lo que está en primer plano es la cada vez mayor competencia entre los grandes países desarrollados: EE.UU., R.F.A. (y el conjunto de la C.E.) y Japón. Efectivamente, los dos últimos países se convierten en los mayores acreedores del mundo mientras que Estados Unidos pasa a ser el *mayor deudor del mundo*. La correlación de fuerzas económicas se modifica y los norteamericanos dejan de ser ya una potencia absolutamente hegemónica. Ha llegado la hora de repartir las parcelas de poder.

Pero ello no era posible mientras subsistieran la Unión Soviética y el campo socialista como bloque antagónico. Mientras perdurase esta situación *Estados Unidos sería hegemónico militarmente en el sistema capitalista* y los demás países serían claramente subordinados. El hundimiento del socialismo real modificó esta situación.

En la Periferia:

En los países de la Periferia, el impacto de la crisis afectó de forma desigual a los diferentes países. A los productores de petróleo les benefició en un primer momento, hasta 1982 aproximadamente, aunque después se inició el declive del precio y la crisis les golpeó duramente. Con las ingentes masas de capital acumulado, buena parte de la burguesía petrolera se imbricó en el sistema financiero e incluso industrial de Occidente, incorporándose de esta forma al creciente proceso de mundialización del capital.

Otros países de Latinoamérica y algunos asiáticos y africanos, se vieron sumergidos en lo que se conoce como «crisis de la deuda» que ha ocasionado un declive prolongado de sus economías y un considerable descenso del nivel de vida de sus poblaciones.

En fin, los países más pobres de la Periferia, lejos de ver mejorar su situación, se han sumergido en una sima de pobreza y miseria desesperanzada por cuanto los intentos de liberación por la vía revolucionaria se ven truncados por el reflujo revolucionario mundial y el cambio de actitud de la URSS (y la ex-URSS) y sus aliados (y sus ex-aliados) con respecto a las revoluciones populares en el Tercer Mundo (cese del apoyo incondicional).

Ello dio lugar a que, en el interior del sistema capitalista mundial, se produjeran importantes cambios y reestructuraciones, en particular en el Centro, con la exacerbación de la competencia comercial y el desacuerdo en cuestiones económicas fundamentales.

Ampliación del Centro del sistema

El desmoronamiento del socialismo real dio lugar a una ampliación del Centro del sistema, hacia Europa Central y Oriental e incluso hacia la ex-URSS. Y asimismo, está en vías de ampliar su Periferia en países como China, los africanos pro-socialistas y, con grandes resistencias, en Corea del Norte, Vietnam y Cuba.

Pero lo más importante es la posibilidad de expansión del capitalismo occidental en las maltrechas economías de los países de Europa Central y Oriental y en la propia ex-URSS.

Esta ampliación del Centro del sistema se producirá a partir de la acción de las *empresas multinacionales*, verdadero agente activo de la mundialización de la economía capitalista. Es decir, no se trata de un proceso de emergencia de burguesías nacionales poderosas sino de la inclusión de dichos países en la esfera de actuación de las grandes empresas mundiales ya existentes. ¿Qué grupos de empresas predominarán? Ese es el tema más significativo del próximo futuro.

Tendencia básica de la economía capitalista mundial

En este marco, la tendencia básica de la economía mundial es hacia la mundialización de los procesos productivos, de los mercados, de los sistemas financieros, de los hábitos de consumo, etc. Esa es la tendencia principal, la que está en la base del proceso y que afecta tanto al Occidente desarrollado como a la Periferia y a los ex-países socialistas.

Esa tendencia de fondo que arranca del fin de la segunda guerra mundial ha alcanzado en nuestros días un nivel que la hace *determinante* con respecto a cualquier otro proceso (por ejemplo, con respecto a la consolidación de nuevas burguesías nacionales).

El Estado-nación como freno a la mundialización

Pero esa tendencia de base mundializadora de la economía capitalista choca con la resistencia de los Estados-nación, que surgieron y se consolidaron como agentes de la defensa de los intereses capitalistas *nacionales* y se están convirtiendo en frenos a la mundialización completa de la economía capitalista.

La aparición de organismos supra-nacionales con mayor o menor cohesión (desde la C.E. hasta el G.A.T.T., pasando por el Banco Mundial o el Fondo Monetario Internacional), prefiguran lo que se está convirtiendo cada vez más en embriones de futuras autoridades económicas mundiales. En el campo político, la ONU podría desempeñar ese papel, y en el militar, la OTAN es un buen ejemplo de supranacionalidad, aunque en este caso la hegemonía norteamericana siga siendo el principal ingrediente.

Pero lo relevante es la autonomía relativa de que aún disponen los Estados-nación y su resistencia a desaparecer, englobándose en, o cediendo soberanía, a instancias supranacionales.

Conclusión: hacia la constitución de nuevos bloques capitalistas y el despertar de nuevas contradicciones interimperialistas*

En resumen, la disolución del campo socialista y la desaparición del «enemigo común», dejan al sistema capitalista libre de las ataduras que significaba la solidaridad frente al «comunismo».

Por otro lado, la resistencia de los Estados-nación a disolverse, permite pensar que, *aun cuando la tendencia principal sea la mundialización de la economía, no se llegará a su culminación sin una etapa previa de fuertes contradicciones interimperialistas.*

Sin tener excesivas dotes de profeta, puede advertirse que se prefiguran ya tres posibles bloques:

— EE.UU. unido a Canadá y con hegemonía sobre América Latina.

— La Comunidad Europea, hegemonizada por Alemania unida y con un proceso de expansión hacia Europa Central y Oriental y la ex-URSS: la «casa común» europea, que extendería su hegemonía hacia Africa, el Medio Oriente y los países del Mediterráneo.

— Japón, cuya expansión hegemónica se desarrollaría en el Sudeste asiático y el Pacifico y que podría establecer con China una alianza semejante a la de la ex-URSS con Europa Occidental: China como pilar militar y abastecedor de materias primas del bloque.

Tales bloques no estarían cerrados entre sí, sino altamente interpenetrados por la internacionalización del capital. Pero sus Estados podrían llegar a enfrentamientos, y dado el carácter violento del capitalismo, no puede excluirse que llegaran a ser militares.

El papel de la Periferia

Hay contradicciones objetivas —de clase, se decía antaño— que enfrentarán a los países de la Periferia al proceso antes descrito. En algunos casos porque los movimientos de liberación nacional no desaparecerán. Pero, ante la indiferencia de la ex-URSS y sus aliados, sus posibilidades de triunfo a corto o medio plazo serán escasas. En otros casos porque se producirán enfrentamientos entre países de la Periferia por su modo de insertarse en el sistema mundializado: es el caso del enfrentamiento entre Irak y Kuwait, que ha concitado la alianza mundial contra los iraquíes, por su pretensión de hegemonía en la zona del petróleo. Y en otros, en fin, por enfrentamientos de carácter ideológico, religioso (India-Pakistán) o incluso tribal (Ruanda, Burundi, Somalia).

No puede por tanto concebirse a corto o medio plazo una Periferia unida que se enfrente con posibilidades de éxito al Centro capitalista, aun dividido en tres bloques. Por tanto, presenciaremos continuas guerras interperiféricas e, incluso, intervenciones «democráticas» del conjunto de países centrales contra los subvertidores periféricos del orden mundial.

Pero en la base, la presión demográfica y los abrumadores problemas económicos de la Periferia —el hambre, la miseria— originarán conflictos agudos en los propios países del Centro (por ejemplo, los derivados de la masiva inmigración de ciudadanos periféricos, con un considerable repunte del racismo blanco y cristiano). Lo cual quiere decir que, incluso en el interior de los países centrales, el enfrentamiento Norte-Sur cobrará cada día mayor importancia.

Conclusión final

La fase del capitalismo que se abrió a partir del fin del experimento socialista puede caracterizarse como aquella en la que *la contradicción principal es la que enfrenta al proceso básico de mundialización del capital con la pervivencia de los Estados-nación, que se plasmará en la constitución de tres bloques capitalistas, interpenetrados económicamente pero enfrentados políticamente y que tendrá como telón de fondo la agudización de los enfrentamientos Centro-Periferia*.

III. EUROPA Y EL MUNDO: EL PAPEL DE EUROPA EN LA CONFIGURACIÓN DEL SISTEMA CAPITALISTA MUNDIAL[1]

Una responsabilidad histórica

Europa, como otros lugares del mundo, fue cuna de numerosas civilizaciones desde la más remota antigüedad. En su territorio, básicamente en las costas del Mediterráneo, se desarrollaron civilizaciones como la griega y la romana que dejarían su impronta a los siglos venideros. Sin embargo, las civilizaciones europeas no son ni las más antiguas, ni las más extendidas territorial y temporalmente. Las civilizaciones asiria, sumeria, egipcia, persa, china o india, alcanzaron una extensión y un grado de perfección —capacidad de resolver sus propios problemas de subsistencia y reproducción— igual o incluso superior al de las principales civilizaciones europeas: la griega y la romana.

No es, pues, a causa de estas antiguas civilizaciones que Europa se diferencia del resto del mundo. Lo que hace a Europa diferente es el hecho de que a partir de un modelo económico y social surgido en ella se ha configurado el mundo actual. Es decir, a Europa le corresponde la *responsabilidad histórica* del surgimiento, la difusión y la consolidación del capitalismo como sistema económico mundial. Los valores, las ideas, las prácticas económi-

1 Este artículo fue publicado en catalán en el volumen 3 de la *Geografía universal* de la editorial 92 S.A. en diciembre de 1991 con el título «Europa i el sistema capitalista mundial».

cas y los comportamientos sociales que hoy impregnan a cualquier sociedad inmersa en el sistema capitalista, en Oriente u Occidente, en el Norte o en el Sur, tienen su origen en el continente europeo. Incluso las sociedades que en su momento intentaron sacudirse el yugo del capitalismo e iniciaron la construcción de un tipo de sociedad diferente, la sociedad socialista, se basaron también en las ideas, la práctica y la experiencia histórica de pensadores y países europeos.

No es inútil recordar esta circunstancia al referirnos al papel de Europa y los europeos en el mundo.

El sistema-mundo

Wallerstein ha acuñado el concepto de sistema-mundo —y sus derivados de imperio-mundo y economía-mundo— para designar aquellos conjuntos sociales en los que existe una división del trabajo tal que los diferentes sectores y regiones que lo constituyen dependen de los intercambios económicos recíprocos para la continua satisfacción de sus necesidades, sin que ello requiera necesariamente una unidad cultural o política.

Los imperios-mundo son sistemas-mundo con unidad política, mientras que la economía-mundo es un sistema-mundo donde la producción y el cambio están regulados por el mercado y no por la ley, la cultura o el Estado.

La historia de Europa es el tránsito de los imperios-mundo a la economía-mundo capitalista, cuya tendencia expansiva la lleva a abarcar a todo el planeta.

En efecto, y según señala el propio Wallerstein, cabe destacar cuatro fases en esta evolución:

— De 1450 a 1650: con la derrota del imperio-mundo de los Habsburgo, emerge la economía-mundo europea que establece un equilibrio con los tres imperios-mundo existentes: el ruso, el otomano y el indio (que abarca además a China y Japón). Es una fase de capitalismo agrícola. En Europa surge el Centro de esta economía-mundo en los países Occidentales (España y Portugal incluidos). La Periferia de este sistema en embrión la componen Alemania, Europa del Este y del Norte, América Latina y parte de África.

— De 1650 a 1780: Larga recesión económica que favorece, no obstante, la consolidación de la economía-mundo europea, con un cambio en el centro de gravedad que se desplaza de los Países Bajos a Inglaterra. El capitalismo deja de ser esencialmente agrícola para devenir industrial. Al otro lado del Atlántico, los Estados Unidos, extensión ultramarina de la sociedad europea, se configura como Periferia de este sistema-mundo.

— De 1780 a 1914: Extensión de la economía-mundo europea al mundo entero. Inglaterra es el Centro indiscutido del sistema, en conflicto perpetuo con Francia y con las nacientes potencias europeas: Italia y Alemania. La independencia de América Latina sumerge a España y a Portugal en la Periferia del sistema. Los antiguos imperios-mundo, son disgregados por un nuevo imperialismo: el imperialismo capitalista europeo, que abarca la práctica totalidad del planeta.

— De 1914 a 1989: Consolidación mundial del sistema capitalista, es decir, expansión definitiva del capitalismo de raíz europea al conjunto del mundo. El Centro del Sistema se desplaza desde Europa hacia los Estados Unidos y Rusia se desgaja del Sistema, arrastrando posteriormente a otros países que imitan su modelo. El mundo se configura en dos bloques: una economía-mundo capitalista centrada en Estados Unidos y un bloque socialista encabezado por la URSS.

— De 1989 a...: La crisis de los países socialistas de Europa Oriental, la profunda *perestroika* de la URSS y el fin de la guerra fría, acaban con la bipolaridad mundial. Es posible que estemos ante el inicio de una nueva fase de la economía-mundo o en el umbral de un nuevo imperio-mundo encabezado por los Estados Unidos.

La formación de los mercados «interiores» y de los Estados-nación

Las fases del desarrollo capitalista en Europa y su extensión al resto del mundo, muestran una evolución que puede relatarse de diferentes maneras. Por ejemplo, por la hegemonía cultural-político-militar-nacional: así, se observa que desde 1450 a la actualidad se han sucedido como centros hegemónicos España (y en menor medida Portugal), Flandes, algunas ciudades italianas, los Países Bajos, Francia, Inglaterra y ya en nuestros días Alemania.

Pero en lo que atañe al desarrollo del capitalismo (comercial, agrícola e industrial) es altamente significativa la sucesión de ciudades-corazón (centros del Centro del Sistema) que señala F. Braudel y que recoge J. Attali, vinculando dicha sucesión de ciudades a una serie de descubrimientos técnicos esenciales para el desarrollo de la economía-mundo capitalista. Es la siguiente:

— Brujas (el timón de codaste); Venecia (la carabela); Amberes (la imprenta); Génova (la contabilidad); Amsterdam (la urca: nuevo tipo de barco cuya fabricación *en serie* se inicia en 1570 en los Países Bajos); Londres (la máquina de vapor); Nueva York I (el automóvil); Nueva York II (el motor eléctrico).

Efectivamente, el capitalismo se desarrolló básicamente en las ciudades. Su centro natural de expansión es la ciudad, en la que encuentra la mano de obra necesaria y sobre todo en la que se aglomeran los posibles consumidores: el *mercado*.

La historia de la constitución de la economía-mundo europea es la historia de la formación de los mercados interiores, que corre paralela con la instauración de los Estados-nación capitalistas.

Efectivamente, el capitalismo inició su implantación en las ciudades, en las antes mencionadas, pero también en otras: París, Lyon, Colonia, Hamburgo, Berlín, Milán, Turín, Manchester, Liverpool, Barcelona, Bilbao, etc.

A partir de ellas se fue expandiendo a las áreas rurales de directa influencia, pero en la medida en que se incrementó la capacidad de producción de los talleres e incipientes fábricas, la actividad capitalista fue abarcando cada vez mayor territorio tanto desde el punto de vista productivo (nuevas zonas industriales) como comercial, lo cual determinó una expansión del área de mercado.

La continua lucha por la abolición de los derechos feudales, de los dominios terratenientes (conversión de la tierra en mercancía), de la legislación que obstaculizaba el libre movimiento de personas y cosas, de la institución gremial, etc. culminó con las revoluciones inglesa y francesa de los siglos XVII y XVIII, que abrió paso a la constitución de verdaderos Estados-nación en Francia e Inglaterra, como garantes de la unicidad y salvaguardia del mercado interior, que merced a ese proceso se convertía en mercado nacional.

Esta evolución fue más lenta y dificultosa en otros países. Los que ya eran reinos unificados, como España o Portugal, vivieron una contradictoria situación interna que a causa del mantenimiento de los privilegios señoriales dificultaba la expansión del capitalismo autóctono. En otros países, como el Imperio austro-húngaro, el imperio ruso o el otomano, la evolución fue aún más lenta y de hecho su vinculación a la economía-mundo capitalista europea fue tardía y periférica. Pero los casos más notables de retraso en este proceso de vinculación entre mercado interior y Estado-nación son el de Alemania y el de Italia, que sólo alcanzan su unificación a fines del siglo XIX (1870-1871).

Este desarrollo desigual del capitalismo europeo tendrá consecuencias muy notables en la historia reciente del continente, en particular por la diferente situación de cada uno de los Estados-nación en la expansión mundial del capitalismo europeo. Es decir, por su diferente situación en la expansión imperialista mundial de Europa.

De los imperios-mundo al imperialismo capitalista

La existencia en Europa de organizaciones sociales del tipo imperio-mundo definido por Wallerstein son bastante antiguas: el imperio carolingio, el imperio germánico, el imperio árabe y ya en plena Edad Moderna, el imperio español y el portugués, con sus posesiones de ultramar, en América Latina, África y Asia. Se trataba precisamente de imperios-mundo, es decir unidades políticas de sociedades con culturas y economías diferentes.

Sin embargo, lo que ocurre en el siglo XIX es algo esencialmente diferente. La difusión de la economía-mundo europea da lugar al imperialismo capitalista. En este caso no sólo existe la unidad política sino, y sobre todo, la económica. Esa es la base de este nuevo tipo de imperialismo, que fue el vehículo de la acelerada mundialización del sistema capitalista.

La intervención imperialista en el exterior sigue unas pautas casi uniformes en todos los casos: «descubrimiento», relaciones comerciales, conquista y pillaje, colonización, absorción económica de la colonia. No obstante, no todos los colonialismos fueron iguales:

— El colonialismo español o portugués, a media distancia entre el feudalismo y el capitalismo, se caracterizó por el intento de asimilación y mezcla con los pobladores autóctonos. (Ciertamente, la conquista y la colonia hispano-portuguesa en América fue altamente cara en vidas, lo cual no excluye la anterior afirmación). Se basó en la explotación minera o agraria mediante la utilización de mano de obra esclava (negros) o cuasi servil (indios).

— El primer colonialismo inglés, practicado en la costa Este de los actuales EE.UU. se caracterizó, a diferencia del español y el portugués, por su índole genocida. La virtual eliminación de toda población aborigen convierte a las sociedades resultantes en meros apéndices o extensiones geográficas extra-europeas de la propia sociedad inglesa. Es el caso de EE.UU., colonia del primer imperialismo inglés y de Canadá, Nueva Zelanda y Australia, que se integran al Imperio Británico en el segundo imperialismo inglés, el del siglo XIX.

— El segundo colonialismo inglés, el propiamente capitalista, que, siguiendo las pautas clásicas se anexiona vastos territorios en Asia (las actuales India, Pakistán, Sri Lanka, Bangla Desh, Aden, Kuwait, Birmania, Malasia, Hong Kong, Singapur, ciertas zonas de China, etc.); África (Egipto, Sudán, Gambia, Ghana, Sierra Leona, Nigeria, Kenya, Uganda, las dos Rhodesia, África del Sur, etc.) y América Latina (Belice, islas Malvinas, Guyana). En este caso, además de la anexión territorial, se impone un conversión forzosa de la colonia a la economía capitalista, origen de lo que después será la Periferia del Sistema capitalista mundial.

— El imperialismo francés, belga y holandés es semejante y paralelo al segundo imperialismo británico. Francia ocupa grandes territorios en África (África Occidental, Djibuti, Madagascar, Túnez, Argelia y Marruecos) y Asia (Indochina); Bélgica ocupa el Congo belga (hoy Zaire) y Holanda la actual Indonesia.

— El imperialismo yanqui (se llama yanqui a los habitantes de las primeras colonias inglesas en Nueva Inglaterra), es de hecho una extensión del imperialismo inglés y sigue las pautas de éste: genocidio de los habitantes autóctonos, ocupación de tierras y anexión. Es la famosa conquista del Oeste, que llevó a los recientemente independientes europeos de los Estados Unidos a ocupar, conquistar, colonizar y anexionar todos los territorios al Oeste de esos 13 Estados (las primeras 13 colonias del Este) hasta el Pacífico: Luisiana, Arkansas, Florida, Missouri, Michigan, Minnesota, etc. así como los territorios pertenecientes al México independiente, invadidos por los norteamericanos y anexionados violentamente a su país: Texas, Arizona, Nuevo México, California, Nevada, Colorado, etc. Compran Alaska a los rusos y ocupan Hawai. Asimismo, fundan en África el Estado de Liberia en 1847, para acoger a negros esclavos repatriados y que desde entonces ha sido un bastión norteamericano en el Continente africano.

— Por último, para culminar el reparto del mundo cabe citar los restos del Imperio español (Cuba, Puerto Rico, Filipinas, Sahara español y Guinea española) y portugués (Guinea, Angola, Mozambique, Goa, Macao,...).

Sólo tres grandes potencias capitalistas quedaban fuera del reparto mundial: Alemania, Italia y Japón (este último país tratará de forjarse un imperio en el Este de Asia (Corea, Manchuria, Sudeste asiático). Alemania e Italia, desde su reunificación, se convierten en dos de las principales potencias capitalistas europeas. Pero carecen de imperio y para crearlo deben enfrentarse no sólo a poblaciones autóctonas sino a otros ocupantes imperialistas occidentales. De ahí que esta rivalidad interimperialista esté en el origen de las grandes contiendas bélicas de fines del siglo XIX hasta la 2.ª guerra mundial.

Antes de la 1.ª guerra mundial los alemanes solo colonizan cuatro territorios en África: Togo, Camerún, África del Sudoeste (actual Namibia) y África Oriental (Tanzania) y algunas islas del Pacífico. Italia, algo más tardíamente, se anexiona Libia y Somalia y se reserva el derecho a «proteger» a Abisinia (hoy Etiopía).

Rivalidades interimperialistas = rivalidades intereuropeas

Esa desenfrenada carrera por el control colonial del mundo y por la hegemonía mundial fue la fuente de las mayores conflagraciones bélicas que ha conocido la humanidad: las dos guerras mundiales.

En 1914, estalló el primer conflicto intereuropeo generalizado, que implicaría además al resto de potencias del mundo. La guerra enfrentó a Alemania y sus aliados con Gran Bretaña, Francia y sus aliados. En el bando alemán se alinearon dos «imperios-mundo» a la vieja usanza: el imperio austro-húngaro y el imperio otomano. En el bando «aliado», otro antiguo imperio: el ruso y nuevas potencias imperialistas: Italia, EE.UU. En el trasfondo de la guerra se encuentra la necesidad de la construcción de una «Gran Alemania», por un lado, y por otro, de mantener y consolidar la hegemonía de Inglaterra en el imperio británico y en el mundo capitalista.

El resultado sería muy diferente de lo que los principales contendientes esperaban al principio de las hostilidades:

— Disolución del imperio austro-húngaro, del cual surgen como naciones independientes Checoslovaquia, Austria, Hungría, una parte de Polonia, parte de Yugoslavia, Montenegro, Albania).

— Fin del Imperio alemán y proclamación de la República en plena situación revolucionaria (revolución espartaquista encabezada por Rosa Luxemburg y Karl Liebnecht, que será derrotada).

— Desmembramiento parcial del imperio ruso y creación de los nuevos Estados de Lituania, Letonia, Estonia y Finlandia. Asimismo, restitución de la independencia de Polonia mediante la entrega de los territorios polacos ocupados por rusos, alemanes y austríacos.

— Derrota del zarismo y de la República en Rusia y triunfo de la primera revolución proletaria. Lenin encabeza la revolución bolchevique y lanza a Rusia por el camino de la «construcción del comunismo», bajo la hostilidad y la intervención armada (1919-1921) de todas las potencias capitalistas. Fundación de la Unión Soviética.

— Disolución del Imperio otomano. Turquía permanece bajo «protección» inglesa, hasta el triunfo de la revolución de Kemal Ataturk. El resto del Imperio será repartido entre franceses (Siria, Líbano) e ingleses (Palestina, Arabia, Irak) principalmente, aunque Italia y Grecia también obtuvieron algun territorio por anexión. Armenia obtiene la independencia y el Kurdistán la autonomía.

En definitiva, el resultado de la guerra, lejos de favorecer a los Imperios centrales, favoreció a Francia y Gran Bretaña y en cierta forma a la recién nacida URSS. Pero el verdadero ganador de esta guerra estaba al otro lado del Atlántico. Los Estados Unidos empiezan a jugar el papel de candidatos a la hegemonía mundial a partir de su intervención en la guerra europea y de su triunfo. Se abre una nueva fase, la de la decadencia de Europa como Centro indiscutido del mundo capitalista.

Transición de la hegemonía mundial: de uno a otro lado del Atlántico

El final de la guerra pone de manifiesto que Europa (el Reino Unido, Francia) ya no será en lo sucesivo el Centro indiscutido del Sistema. Esta función empieza a desempeñarla Estados Unidos, que a pesar de su política aislacionista influye en el desarrollo del Sistema en el mundo, en particular mediante su penetración económica. Es la época del auge del *taylorismo* y el *fordismo* en EE.UU. La producción en cadena y en serie permite el desarrollo del consumo de masas y la concesión de abundantes reivindicaciones sociales. Es el inicio del Estado del Bienestar, los «felices 20».

Pero en Europa la situación es otra. Vencedores y vencidos se aprestan a restaurar los daños de la guerra. Para prevenir futuros enfrentamientos se crea la Sociedad de Naciones. Pero lo esencial es el pago de las reparaciones de guerra por parte de Alemania a los vencedores. Alemania atraviesa la más profunda crisis de su historia que desembocará en el triunfo electoral del nacionalsocialismo de Hitler en 1933. Pero no solo en Alemania se producen involuciones dictatoriales o autoritarias. Ya con anterioridad a 1933 se han instaurado dictaduras en : Italia, la de Mussolini y el fascismo desde 1922, Yugoslavia, Albania, Turquía, Polonia y Portugal. Tras el triunfo de Hitler en Alemania, otros países europeos oscilan hacia la dictadura: Grecia, Bulgaria, Rumania, Austria,

Lituania, Letonia, Estonia y España, esta última como resultado de la derrota de las fuerzas republicanas en la guerra civil de 1936-39.

Ni Inglaterra ni Francia, las principales democracias europeas, consiguen detener el auge de las dictaduras. Ni la URSS de Stalin, que ha salido de la miseria y se ha convertido en este periodo en una de las principales potencias industriales y militares del mundo. La URSS está asediada y bloqueada tanto por las dictaduras como por las democracias y solo dispone de sus propias fuerzas para subsistir.

Este panorama político se desarrolla sobre un telón de fondo de crisis económica generalizada. Si bien los primeros años veinte fueron de relativo auge (relativo por cuanto había que reconstruir economías destrozadas por la guerra), a partir de 1929, del crack de la Bolsa de Nueva York, la crisis se generaliza en toda Europa y se entra en la fase de la gran depresión. Inflación galopante, pero sobre todo paro masivo y aumento de las luchas sociales. Tal situación preludia el nuevo estallido de la guerra.

Efectivamente, la Alemania nazi reanuda el rearme y la política expansionista de la preguerra y no tardará en iniciar la absorción (Austria) o la invasión (Checoslovaquia, Polonia) de países vecinos, que determinará el inicio de la 2.ª guerra mundial.

En este periodo de entreguerras, Inglaterra ha perdido la hegemonía en el mundo. EE.UU. en el marco del capitalismo y la URSS en el del socialismo la substituyen. Pero para consumarse el relevo hizo falta una de las contiendas más sanguinarias de la historia: la 2.ª guerra mundial.

Dos bloques mundiales

La 2.ª guerra mundial enfrentó a las potencias del Eje (Alemania, Italia y Japón) con las potencias aliadas (EE.UU., URSS e Inglaterra) con la intervención en muy diversos grados del resto de países del mundo.

En el caso concreto de Europa la guerra convulsionó a todos los países y tras su finalización, con una infinita destrucción material y la pérdida de muchos millones de vidas europeas, lejos de profundizar en la paz las alianzas de la guerra, se desata la «guerra fría» entre la URSS y sus ex-aliados capitalistas EE.UU. y Gran Bretaña.

La guerra fría y la política de bloques es el trasfondo histórico de una de las etapas más duraderamente pacíficas que ha vivido el continente europeo. La división de Alemania en zonas de influencia de las cuatro grandes potencias y, más en general, la división del mundo en dos bloques: capitalista y socialista, determinó, en virtud de los acuerdos de Yalta, la división de Europa en zonas de influencia: la Europa Oriental y central pasará a formar parte de la zona de influencia de la URSS y el resto de Europa de la zona de influencia norteamericana. De las dictaduras de preguerra sólo subsistirán dos: la de Salazar en Portugal y la de Franco en España.

Así pues, Europa inicia la reconstrucción postbélica profundamente dividida. Ahora bien, por primera vez en la historia contemporánea, los eternos enemigos se hallan en el mismo campo: Francia, Inglaterra y Alemania (la R.F.A.) forman parte, junto con otros países, del bloque occidental. Este hecho es especialmente importante por cuanto será la base para la futura configuración de la Comunidad Europea.

En la zona de influencia de la URSS se establecen régimenes de tipo socialista y se inicia la construcción de economías y régimenes políticos de tipo soviético: este proceso afecta a Polonia, Checoslovaquia, Hungría, Bulgaria y Rumania, a la zona de influencia soviética en Alemania, (la futura R.D.A.), a Albania y Yugoslavia, aunque este último país se aleja del modelo soviético e inicia un socialismo autogestionario bajo la dirección de Tito.

La URSS se convierte en la primera potencia europea y una de las dos superpotencias mundiales. Dispone de armamento nuclear y muy pronto toma la delantera en la carrera de la investigación espacial. Con Stalin al frente logra una rápida reconstrucción económica, aunque debe hacer frente a la pérdida de veinte millones de personas muertas durante la guerra. Tras la desaparición de Stalin en 1953, la URSS prosigue el camino del socialismo aunque inicia diversas reformas (la desestalinización de Jruschov,...), que culminarán con la perestroika de Gorbachov. Lo relevante, sin embargo, es que la URSS *es la primera potencia europea de este periodo*, es decir, que toma el relevo de Inglaterra, Francia o Alemania. Ahora bien, lo es como país socialista.

La primera potencia europea en el campo capitalista son los Estados Unidos, al menos durante los primeros quince o veinte años de guerra fría. No es una paradoja; es un hecho. Tras el fin de la guerra, los Estados Unidos pusieron en práctica el plan Marshall que significó un enorme flujo de capitales hacia Europa que permitieron su rápida reconstrucción y fueron la base de los futuros «milagros» alemán, italiano, francés, etc. Por otra parte, con la formación de la OTAN, Estados Unidos mantuvo y mantiene en territorio europeo a un contingente militar cuya potencia y dimensión lo hacen superior al de la mayoría de ejércitos propiamente europeos. Y por último, la presencia norteamericana en Europa se deja sentir a través de todas las organizaciones internacionales que se crearon desde el final de la guerra: el Banco Mundial, el Fondo Monetario Internacional, el GATT, la OCDE, etc. A través de estas instituciones Estados Unidos regula y dirige las políticas económicas «interiores» de sus aliados europeos. Se trata, pues, de una situación extraña, en la que los antiguos «protectores» del mundo se han convertido en «mansos protegidos» del nuevo «líder mundial».

Resistencia europea al «liderazgo» estadounidense

La reacción más vigorosa ante esta situación de relegación a segundo plano de los europeos, fue la iniciativa para la creación de un Mercado Común Europeo. Se trataba de ir *construyendo* las instituciones y el marco de funcionamiento para la futura unión de los distintos pueblos de Europa, única posibilidad de poder hacer frente de forma independiente y soberana a los dos colosos de la época: EE.UU. y la URSS.

El 1.° de enero de 1958 entra en vigor el tratado de Roma que instituye la Comunidad Económica Europea y la Comunidad Europea de la Energía Atómica, que vienen a sumarse a la Comunidad Europea del carbón y del acero (CECA) fundada años antes. Seis países inician el proceso: Francia, R.F.A., Italia, Bélgica, Holanda y Luxemburgo. Tras las sucesivas adhesiones de Dinamarca,

Irlanda, Reino Unido, Grecia, España y Portugal, la C.E. está formada hoy por 12 miembros y estudia la posibilidad de su próxima ampliación.

Otro proceso de integración europea fue el que puso en marcha el Reino Unido para enfrentarse en un primer momento a la iniciativa de los «seis»: se trata de la EFTA, Asociación Europea de Libre Comercio, que empezó agrupando a Reino Unido, Suecia, Dinamarca, Noruega, Austria, Suiza y Portugal y que hoy la integran Suecia, Noruega, Suiza, Austria, Islandia, Finlandia y Liechtenstein.

La rivalidad entre los países europeos no había cesado: ahora se manifestaba mediante medios pacíficos. Por ejemplo, la lucha entre Francia y Alemania, por un lado, y por otro Inglaterra, por la hegemonía en Europa es una muestra de ello. El Reino Unido, la principal potencia capitalista durante casi un siglo, sale de la guerra mundial victoriosa militarmente pero derrotada, aniquilada como potencia. Desde muy pronto se convierte en una especie de apéndice europeo de los Estados Unidos, al extremo de que el general de Gaulle llegó a llamarla «caballo de Troya» de los Estados Unidos en Europa. La política británica ha sido desde entonces, y aún lo es hoy, absolutamente pro-americana. Incluso en las decisiones esenciales de la «construcción europea», tales como la unificación del mercado, la unión monetaria o la unión política, es el Reino Unido quien pone más objeciones y dificultades. Esa gran potencia de antaño se debate hoy entre su orgulloso aislacionismo, su servilismo pro-americano y su necesaria e irremediable vinculación con Europa.

Al otro lado del Canal de la Mancha, dos potencias dirigen con mano férrea el proceso de integración: Francia y Alemania, esta segunda, convertida en una de las tres primeras potencias mundiales desde el punto de vista económico, fuerte competidora de los Estados Unidos y «locomotora» del proceso de integración europeo.

Otro de los efectos del fin de la hegemonía europea en el mundo capitalista fue el acelerado proceso de *descolonización* que se desarrolló tras el final de la guerra.

Ya sea a través de arduas y duras luchas de liberación nacional, ya sea mediante la negociación entre independentistas y colonialistas, lo cierto es que en dos décadas la inmensa mayoría de países colonizados accedieron a la independencia, perdiendo por consiguiente Europa (Reino Unido, Francia, Bélgica, Holanda) sus antiguos e inmensos Imperios coloniales.

Pero la importancia de la descolonización no estriba solo en el acceso a la independencia política de los antes colonizados. Tiene aún mayor importancia por cuanto representa la adopción de una nueva forma de dominación por parte del sistema encabezado por los Estados Unidos, a saber, el llamado neoimperialismo, es decir, el control económico de las antiguas colonias ya independientes. Esta es la forma especifica que adoptará el Sistema Centro-Periferia tras la descolonización y en él la hegemonía indiscutible será de los EE.UU.

Los esfuerzos de la C.E. por recuperar su hegemonía en el Tercer Mundo han cristalizado en los acuerdos de Lomé, que conceden privilegios especiales a los países de África, el Caribe y el Pacifico, excolonias europeas, en sus relaciones con la Comunidad. Pero Europa, tanto la capitalista como la socialista está aún muy lejos de ejercer la influencia mundial que antaño había detentado.

El mantenimiento de la paz europea durante más de cuatro décadas, sostenida por el «equilibrio del terror» entre las dos grandes superpotencias, tocó a su fin con el desmoronamiento de los regímenes de «socialismo real» y el inicio de la perestroika en la URSS, lo cual significó el fin de la bipolaridad mundial.

A nivel interno del bloque socialista, este proceso ha determinado su desaparición como tal bloque. Todos los países de Europa central y Oriental abandonan las estructuras y las políticas socialistas y se alinean con la economía del mercado, la democracia pluralista y el capitalismo. Incluso la URSS parece evolucionar por ese camino, aunque con muchas más resistencias, que permiten suponer la posibilidad de procesos involucionistas que detengan el fin del socialismo y la implantación total del capitalismo en la URSS. Por otra parte, la perestroika ha desatado en la URSS procesos que pueden culminar con el desmembramiento de la Unión, que, conviene recordarlo, fue la heredera del único imperio-mundo que no se desmembró tras el final de la primera guerra mundial: el imperio ruso.

A nivel exterior, el fin del bloque socialista implica el fin de la política de bloques y el aparente triunfo del bloque capitalista occidental. Este triunfo es, básicamente, el de EE.UU., que pretende imponer en solitario sus reglas del juego al conjunto mundial, como se puso de manifiesto abiertamente en la guerra del Golfo.

El fin de la bipolaridad parece dejar una herencia aun confusa pero ya detectable. Esta herencia abre dos posibles caminos:

— Una hegemonía absoluta de los Estados Unidos, basada en su potencial militar, que reproduciría ciertos aspecto de los imperios-mundo aparentemente desaparecidos para siempre. En este escenario, Estados Unidos sería el «gendarme» mundial, sus competidores capitalistas principales (Japón, Europa comunitaria) una suerte de países tributarios que deberían contribuir al sostenimiento del ejercito protector y el resto del mundo, un lugar donde ejercer un dominio incontestado y absoluto: es el «nuevo orden mundial» que patrocinó G. Bush y que a través de la guerra del Golfo ya se está poniendo en práctica. Es el propio Bush quien afirma que sólo los Estados Unidos tienen la «estatura moral» suficiente para convertirse en el «líder mundial» indiscutido.

— El segundo escenario es también posible. Se trata en este caso de una tripolaridad central: Estados Unidos, Japón y Europa, con sus correspondientes áreas de influencia. Esta situación se da efectivamente, en el interior de la economía-mundo, y es el resultado del intenso proceso de internacionalización del capital y de mundialización de la economía que está en curso. Así pues, si la economía-mundo capitalista subsiste, si no es substituida por un imperio-mundo americano, entonces cabe pensar en una época futura de rivalidad entre esos tres bloques, cuya conclusión a largo plazo sería la construcción de una única economía mundial. En este escenario, Asia (menos Japón), África, América Latina y algunos países europeos (Bulgaria, Rumania, Yugoslavia, Albania, quizá Polonia, quizá parte de la URSS) serían la Periferia del Sistema.

Y en este escenario, la ex-URSS formaría parte de Europa unida (la «casa común» Europea de Gorbachov o la «Europa del Atlántico a los Urales» de De Gaulle) con lo cual el bloque europeo se convertiría en un polo de referencia mundial, no tan sólo a nivel económico, sino también y sobre todo a nivel militar, única forma de contrapesar el poder que los norteamericanos ejercen y pretenden ejercer en el mundo.

Recapitulación

Así pues, y como conclusión, observamos que Europa ha pasado de ser el Centro del Centro a ser un simple apéndice del Centro. Ha pasado de ser la responsable histórica de la expansión mundial del capitalismo a ser una parte de un sistema en el que la hegemonía ya no le corresponde, ha pasado de ser la vanguardia de la construcción del comunismo y de la transición socialista a nivel mundial a ser la demoledora de ese proceso, con sus consiguientes efectos en el mundo entero, tras la pérdida del liderazgo ruso —¡europeo!— también en ese proceso.

Largo declive histórico, tanto más humillante cuanto más orgulloso y altanero fue el auge. Es el caso de Gran Bretaña, la flamante e imperial, que hoy atraviesa un profundo declive histórico que la ha llevado a ocupar un lugar de segunda fila incluso en el proceso de construcción europea. El Reino Unido, principal responsable de la expansión mundial del capitalismo, es hoy una víctima de su propia impotencia y corre el riesgo de ser absorbido a más o menos largo plazo por su ex-colonia, los Estados Unidos. En cambio, la Europa continental ha reaccionado y, aun con las reticencias inglesas, ha iniciado una poderosa política de integración, la única que será capaz en el futuro de colocar a Europa en condiciones de seguir pesando en el concierto mundial de naciones. Cabe suponer, por tanto, que si ese proceso de integración se mantiene, se amplía al resto de Europa y se consolida en el futuro, será un contrapeso importantísimo, junto con el japonés, al abiertamente confesado deseo de los Estados Unidos de convertirse en líder mundial único e indiscutido. Europa vuelve a tener, por tanto, una nueva y gran responsabilidad histórica.

IV. ÁFRICA: UN CONTINENTE MARCADO POR EL IMPERIALISMO[1]

África es el territorio de nuestro planeta que se ha visto configurado con mayor violencia por el imperialismo occidental, al extremo que su actual situación es absolutamente incomprensible si no se hace referencia a su origen, que no es otro que los siglos de dominación extranjera que se han desarrollado en su suelo.

La presencia del ser humano en África es, a decir de los antropólogos y pre-historiadores, la más antigua de la humanidad. Los restos hallados en su territorio así lo atestiguan. Cabe pensar que la actividad humana organizada socialmente tiene también orígenes muy remotos en África. Asimismo, las primeras civilizaciones de las que se tiene noticia se desarrollaron es este continente, en particular en la cuenca del Nilo y en la ribera mediterránea. Civilizaciones como la egipcia —así como la asiria en el Medio Oriente— se remontan al mismo origen de las sociedades humanas.

La presencia africana en la historia antigua es también importante: florecientes ciudades griegas, imperios como el cartaginés o parte del imperio romano y, más adelante, cuna de la expansión árabe en el Mediterráneo del Sur y del Norte. Al Sur del Sahara se desarrollaron una extensa gama de pueblos que, con mayor o

1 Este artículo fue publicado en catalán en el volumen 7 de la *Geografía universal* de la editorial 92 S.A. en octubre de 1993 con el título «Un continent marcat per l'imperialisme».

menor grado de avance económico y social —desde reinos e imperios hasta tribus nómadas—, dieron lugar a agrupaciones humanas que cristalizaron en etnias y tribus aún hoy día subsistentes.

Sin embargo, África llegó tarde al desarrollo del capitalismo, o más simplemente, en su futuro no estaba inserto el capitalismo. Este le vino de fuera, de Occidente, del Norte europeo, y su presencia destruyó acaso definitivamente su propia identidad y configuró la actual estructura política, económica y social del continente. Estructura económica, política y social que corresponde a los grupos humanos más pobres del planeta. Hay, pues, que situar históricamente el origen de esta situación de pobreza en la incorporación forzosa y violenta de los pueblos africanos a la oleada expansiva de los principales países capitalistas europeos, es decir, a la colonización.

Los antecedentes ideológicos del colonialismo hay que buscarlos en la Edad Media, en la actitud beligerante de los cruzados y la lucha contra el «infiel» musulmán, que crearon en la ideología dominante occidental una especie de justificación «divina» para intervenir, militarmente se entiende, en los asuntos de los pueblos árabes, en particular los del Mediterráneo Sur.

Más adelante, con el avance de la navegación y los inicios del mercantilismo, unido a la necesidad de grandes contingentes de mano de obra para la explotación de la recién descubierta América, el territorio de África, en este caso la subsahariana, se convirtió en terreno de «caza» para los tratantes de esclavos negros, floreciente negocio de europeos blancos que pobló América de los descendientes des-naturalizados y des-identificados de aquellos hombres y mujeres que fueron secuestrados y trasladados a la fuerza y con violencia al Nuevo Continente. Parte de África, pues, se asentó como población de segunda categoría en territorio americano.

Ambos fenómenos, —la lucha contra el «infiel» y la trata de esclavos negros— constituyen la base de la ideología racista predominante en Europa durante siglos y trasladada con mayor vehemencia si cabe a las colonias inglesas de América y muy en particular a los Estados Unidos. Es decir, la concepción del hombre blanco como «raza superior», «civilizado», «creyente en el

Dios auténtico», «portador de valores universales», etc., constituyó la base ideológica que prepararía la futura conquista y colonización de África, en nombre de la civilización cristiana, occidental y blanca y contra los «salvajes» que desde hacia milenios vivían en tales territorios. Los pueblos de África aún no han podido cicatrizar esas heridas y en uno de ellos, en África del Sur, continúa existiendo aún hoy el racismo institucional.

Pero la auténtica incorporación de África al Sistema capitalista mundial, su sojuzgamiento definitivo, su reparto como si de un botín de guerra se tratara, se produjo en el siglo XIX y tuvo como protagonistas a los imperialismos expansionistas de Europa, en litigio entre sí, pero todos ellos aparentemente «legitimados» en su política de anexión y de conquista por el racismo oficial imperante, aun cuando con ella destruyeran, definitivamente, las formas de vida y de organización social propias de los pueblos que «civilizaban». Sangre, tortura, guerra, opresión, humillación y muerte fue el precio que pagaron los pueblos africanos para «civilizarse». Y una vez «civilizados» han cosechado como resultado el atraso económico, la miseria, el hambre, la enfermedad y, en última instancia, una casi definitiva pérdida de su propia identidad. Ese es el papel «civilizador» de los imperialistas blancos. Esa es la herencia de la colonización.

La colonización

La penetración europea en África se desarrolló en sucesivas etapas y por motivaciones diferentes. En la cuenca mediterránea, tras la ocupación árabe y la islamización de la población, se produjo un constante enfrentamiento entre las potencias europeas y las orientales, saldadas en el siglo XVI por la ocupación turca de Argel, Túnez, Trípoli y El Cairo. Esta ocupación islámica del norte africano consumaba una política de expansión otomana hacia Occidente y cerraba el paso hacia Asia de los europeos. Ya un siglo antes, y dada la dificultad de comerciar con Asia que implicaba la presencia turca en el Mediterráneo oriental, los navegantes europeos y muy en particular los portugueses, circunnavegaron el continente (Vasco de Gama, 1497-1499) y lograron llegar a Asia por una nueva ruta. En este largo proceso, que dura casi todo el siglo XV, los navegantes portugueses «descubren» Gambia, Senegal, el Congo, Madagascar, y en fin, el mítico «reino del Preste Juan», situado aparentemente en Abisinia. África deja de ser un misterio para los europeos y pronto se convertirá en territorio apto para el saqueo de recursos naturales —oro y otros minerales— y, sobre todo y muy especialmente, para la floreciente trata de esclavos.

Tres siglos separan estos primeros contactos de la colonización definitiva del continente. En ese largo período se consuma un autentico genocidio de la población aborigen y se destruye buena parte de su población, que según algunas estimaciones desciende a la tercera parte en el territorio del África subsahariana. Pero desde el punto de vista de los asentamientos políticos, la presencia europea se limitó a la creación de factorías comerciales y plazas fuertes militares en los principales puntos de la ruta hacia Oriente. La colonización del desconocido y misterioso interior del continente sería obra de otra oleada de colonizadores, encabezados por los «exploradores» del siglo XIX, que como una avanzadilla de la «civilización» fueron «descubriendo» paulatinamente los territorios del interior de África.

La primera zona de colonización moderna, es decir, capitalista, es la del extremo sur de África, colonizada por los holandeses que desplazan a las poblaciones nativas hacia el interior y que a su vez son desplazados y substituidos por los británicos en 1815, merced al Tratado de Viena. Los holandeses se desplazan hacia el Norte y fundan las colonias de Natal, también cedida a los británicos en 1843, de Orange y de Transvaal. Este conjunto constituirá la futura Unión Sudafricana, enclave racista que aún perdura en nuestros días.

El resto del continente fue íntegramente repartido entre las potencias capitalistas dominantes en aquel siglo, con frecuentes y sangrientas confrontaciones entre ellas.

En el Mediterráneo, el objetivo común de las potencias europeas consistía en expulsar a los turcos, cosa que consiguen durante el siglo XIX. Gran Bretaña se apodera de Egipto (1882), desde donde penetrara hacia el Sur de la cuenca del Nilo, ocupando el Sudán; Francia se instala mediante conquista en Túnez (1881) y en

Argel, Italia ocupa Trípoli en 1911, desde donde se extenderá hacia el Sur de Libia y, en fin, Francia y España ocupan Marruecos y Mauritania entre 1906 y 1911, consumándose así la plena ocupación del Norte africano.

En el África subsahariana el reparto colonial representó una especie de carrera entre un reducido grupo de potencias imperialistas. En 1870 menos del 10 % del territorio africano era colonial; en 1914 más del 95 % era colonia europea. Gran Bretaña fue el principal país colonizador en África: en la zona atlántica conquistó Nigeria, Costa de Oro (Ghana), Gambia y Sierra Leona; en el Sur se expandió en territorios ocupados por los holandeses y constituyó la Unión Sudafricana (1910) tras haber eliminado la resistencia zulú y vencido a los «boers» en la guerra de 1902; en el Norte y la costa del Índico se expandió desde Egipto hacia el Sudán, Uganda, Somalia, Kenya, Nyassalandia (actual Malawi), Rhodesia (actuales Zambia y Zimbabue) y diversos protectorados con la intención de unir sus posesiones con la Unión Sudafricana. Quedaba un hueco, ocupado por la Tanganyka (con Zanzíbar, actual Tanzania) alemana. Alemania, potencia de desarrollo capitalista tardío, llega tarde al reparto del botín, pero aun así se apropia de la ya mencionada Tanganyka, del actual territorio de Namibia, del Camerún, de Togo y de parte de Gabón, en este caso en lucha con los franceses. Pero es Francia el segundo gran país colonizador, sobre todo en la costa atlántica: Senegal, Guinea, Costa de Marfil, el Congo francés, Gabón, Dahomey (actual Benín), la mayor parte de los territorios al inmediato Sur del Sahara (Mauritania, Mali, Alto Volta (actual Burkina Fasso), Níger, Chad y la actual República Centroafricana, etc. En el Índico ocupa Djibuti, diversas islas (Comores) y, sobre todo, Madagascar. El resto del territorio africano se lo reparten entre Portugal (Angola, Mozambique, Guinea y Cabo Verde); Italia (Eritrea y Somalia) y Bélgica (el Congo Belga, hoy Zaire). España detenta un reducido territorio colonial en la Guinea Ecuatorial y la isla de Fernando Poo. Esta es aproximadamente la situación en 1914. Al final de la primera guerra mundial la situación se modifica y buena parte de las colonias alemanas pasan a jurisdicción británica o francesa (Gabón).

Italia ataca y conquista brevemente Abisinia (actual Etiopía) en 1935-36. Un caso particular es el de Liberia, en la costa atlántica, lugar de asentamiento de negros norteamericanos, que en 1847 declara su independencia y se constituye en República a imagen y semejanza de Estados Unidos. Desde entonces ha sido la punta de lanza norteamericana en África y primer ejemplo de lo que después sería el neo-imperialismo en el continente.

El reparto de África significó la definitiva destrucción de la identidad de sus pueblos y culturas y la inserción violenta de tales pueblos y territorios en el mercado mundial. La desestructuración económica y la desarticulación interna, representaron la forma típica de inserción en la economía capitalista y condujeron inexorablemente a su periferización. Es decir, la culminación de la formación del Sistema mundial Centro-Periferia tiene lugar con la inclusión del continente africano en la división internacional del trabajo capitalista. A las colonias africanas les corresponde la función de abastecedora de materias primas minerales, de productos agrarios en particular «exóticos»: café, plantas medicinales, frutas tropicales, maderas preciosas, plantas oleaginosas, etc. Esta forma de inserción es la base de las futuras economías dependientes y periféricas que hoy constituyen los países africanos tras el proceso de descolonización posterior a la 2.ª guerra mundial.

La descolonización

Los cambios en la configuración del sistema capitalista mundial tras el fin de la 2.ª guerra mundial, en particular la total hegemonía de los Estados Unidos y el enfrentamiento con el bloque soviético, dieron lugar a un proceso de rápida descolonización política de África. En un lustro (1956-1961) la práctica totalidad de las antiguas colonias accedieron a la independencia política e instauraron regímenes de democracia formal, bajo el amparo en general de la antigua potencia colonizadora. Pero antes de este proceso independentista, Egipto había alcanzado su soberanía nacional en 1922, bajo la supervisión y la intervención inglesa, que se mantuvo con altibajos hasta 1956, año en el que Nasser declara la soberanía egipcia sobre la zona del canal de Suez y el control del mismo, tras una guerra con los israelíes, los ingleses y los franceses. En el resto de África, los movimientos independentistas, ya sean de raíz popular, ya sean organizados por la propia diplomacia occidental para establecer regímenes sumisos a sus intereses, se desarrollan tras la 2.ª guerra mundial. Inicia el proceso Libia, independiente desde 1951 y Etiopía, que se anexiona Eritrea. En 1954 Túnez accede a la independencia y en 1956 Marruecos. A partir de esta fecha se suceden las declaraciones de independencia en toda África, desde Ghana en 1957 hasta Ruanda y Burundi, independientes de Bélgica desde 1962 y Argelia que en ese mismo año logra la independencia de Francia merced a los acuerdos de Evian firmados por De Gaulle. Finaliza así la primera oleada de movimientos independentistas que volverá a reproducirse más adelante con la independencia de las colonias portuguesas (1975) (Angola, Mozambique, Guinea), de Zimbabue (1980), de Guinea Ecuatorial y la más reciente de todas, la de Namibia en 1990.

El acceso a la independencia no tuvo características homogéneas en África. En algunos territorios fue el fruto de una guerra de liberación nacional encabezada por míticos líderes como Nkrumah en Ghana, Seku Ture en Guinea, Burguiba en Túnez, Amilcar Cabral en Guinea portuguesa, Patricio Lumumba en el Congo belga, el movimiento mau—mau en Kenya o el Frente de Liberación Nacional en Argelia. En otros casos, la independencia llegó merced a pactos entre la potencia colonial y sectores de las clases dominantes locales, que instauraron regímenes dóciles a la antigua metrópoli.

En el lugar de los regímenes coloniales se instauraron repúblicas o reinos independientes, unos de claro matiz socialista y revolucionario, que intentaron apoyarse en la Unión Soviética para la construcción nacional; otros abiertamente supeditados a Occidente, con una situación de marcado carácter neo-colonial. En ambos casos, sin embargo, lo que perduró, lo que marcó el futuro de las recién nacidas naciones, fue el subdesarrollo interior, la inserción dependiente en el mercado mundial y el atraso económico heredado de la colonia, unido a una evidente falta de capacidad de las clases sociales dominantes para estructurar un moderno país, capitalista o socialista.

Tres son las herencias principales de la colonia:

a) Una delimitación geográfico-política de los recientes países independientes fruto, no de las características de los pueblos que los constituyen sino, de la división de los imperios coloniales, lo cual es fuente de innumerables conflictos internacionales e interétnicos.

b) Una estructura económica altamente dependiente del exterior, tanto para la venta de los escasos productos de exportación, resultado de la conversión de las colonias en economías de monocultivo o de monoproducción, como para la adquisición de productos alimenticios, materias primas y sobre todo productos industriales, en particular maquinaria y medios de transporte.

c) Una estructura social deforme, sin auténtica burguesía ni auténtico proletariado. Es decir, una sociedad sin los principales protagonistas del sistema económico al cual pertenecen: el capitalismo.

Todo ello lleva a que *todos* los países de África entren desde entonces en una situación de subdesarrollo que aún perdura, a pesar de que la ONU y otros organismos internacionales se han empeñado en bautizar a estos países como «países en vías de desarrollo». Esta definición, que alude a un proceso y que es, por tanto, transitoria, se ha mantenido desde entonces y evidentemente no se ha producido ningún despegue hacia el desarrollo pleno desde que los países africanos accedieron a la independencia. En definitiva, el saldo de la ocupación colonial y el acceso de los países africanos a la «modernidad» significa que tales países ocupen plenamente un lugar en la Periferia del Sistema mundial capitalista y sus poblaciones vivan en el subdesarrollo sin esperanzas, como es clara muestra la situación de pobreza, de miseria y de hambre que hoy día afecta a la mayoría de los países africanos.

África actual: el continente de los pobres

La herencia colonial y el período post-colonial no han conducido a África al desarrollo económico y social de las países capitalistas.

Es decir, no se ha producido ningún proceso de autocentramiento económico que conduzca a cada Estado nacional a salir del atraso, de la dependencia y de la pobreza. Una de las principales razones de este hecho es la clara forma periférica de inserción de los países africanos en el mercado mundial.

Unas economías extravertidas

Una de las principales características de las economías periféricas es su grado de extraversión, es decir, el peso que en la economía nacional tienen los productos que cada país exporta. En el caso de los países africanos el grado de extraversión es de los más elevados del mundo. Según datos del Banco Mundial el grado de extraversión medio, medido como porcentaje de las exportaciones con respecto al PIB, oscila entre un 30-40 % en las economías menos abiertas y un 90 % en las más exportadoras, como es el caso de los países exportadores de petróleo.

Pero donde se percibe con mayor claridad la deformación económica de estos países es en la variedad de las exportaciones. Como herederos de territorios convertidos en monoproductores o monocultivadores, los países africanos muestran un alto grado de especialización productiva que se refleja en un muy reducido abanico de productos de exportación. El grado de dependencia de estos escasos productos oscila entre el 70 % y casi el 100 % (también en el caso de países exportadores de petróleo).

— Pero lo más relevante es el tipo de productos exportados. El primer rasgo general es que *todos son productos primarios*. Cabe distinguir tres grupos (se mencionan los países que ocupan un lugar entre los quince primeros productores mundiales):

— Productos *energéticos*, básicamente petróleo y gas natural. En estos productos se especializan casi íntegramente países como Argelia, Libia, Gabón, y en menor medida, Egipto, Angola, Nigeria y Camerún.

— Productos *minerales*. Se trata en general de explotaciones mineras de propiedad de capital extranjero de origen occidental y con destino casi único a la exportación. Las principales producciones son: bauxita (Guinea, Sierra Leona), cobre (Zambia, Zaire), estaño (Zaire), plomo (Marruecos), níquel (Zimbabue), cinc (Zaire), tungsteno (Ruanda, Zaire), manganeso (Gabón, Ghana, Marruecos), uranio (Níger, Namibia, Gabón), cobalto (Zaire, Zambia, Zimbabue), cromo (Zimbabue), titanio (Sierra Leona), diamantes (Zaire, Bostwana, Angola, Namibia, Liberia, República Centroafricana), oro (Ghana, Zimbabue, Zaire), plata (Marruecos, Namibia, Zaire), fosfatos (Marruecos, Sahara ex-español, Togo, Túnez, Senegal). África del Sur es también productora y exportadora de la mayoría de minerales y metales mencionados.

— Productos *vegetales.* En este caso no se trata de la exportación de productos alimenticios tales como cereales y verduras, sino básicamente de componentes del consumo «de lujo», es decir, no indispensable: los «postres y vicios» de los ciudadanos de los mercados occidentales. La gama de productos no es demasiado variada: café (Costa de Marfil, Uganda, Etiopía), té (Kenya), cacao (Costa de Marfil, Ghana, Camerún, Nigeria), azúcar, especias (clavo, vainilla, canela, sésamo), tabaco, frutas tropicales, algodón (Egipto), sisal, caucho natural (Nigeria, Liberia), maderas preciosas (caoba, ébano), aceites de palma o de cacahuete. En algunos países, las exportaciones pesqueras tienen cierta importancia (crustáceos, pescado, incluso perlas).

Este es, *grosso modo,* el comercio de exportación de los países africanos. Su enorme peso específico en la creación de riqueza de cada país, su gran dependencia de un reducido número de países clientes, su, en general, supeditación a la propiedad extranjera, ya sea en la extracción o cultivo, ya sea en la comercialización, muestran con gran nitidez la fragilidad de la base económica del continente.

El reverso de la medalla son las importaciones: evidentemente, la mayor parte de productos de consumo de origen industrial son importados y, sobre todo, la maquinaria y medios de transporte. La tecnología es asimismo, de origen exterior. La escasa industrialización existente depende en su mayor parte de capital extranjero y tiene como objetivo la transformación local de algunas materias primas minerales o vegetales destinadas a la exportación y sólo en segundo término el abastecimiento del mercado interior.

Pero donde la situación se convierte en mas hiriente y paradójica es en el capítulo de productos alimenticios. La población africana es básicamente rural y agraria. Sin embargo, para lograr el abastecimiento de productos alimenticios de la población se deben importar anualmente fuertes contingentes de este tipo de productos. De tal manera que incluso para el abastecimiento de las respectivas poblaciones se requiere acudir a la importación, sobre todo de cereales. En muchos casos, sobre todo en países asolados por la crisis económica, la guerra, la sequía o la simple inoperancia del sistema para sustentar a su población, la alimentación básica de la población tiene que ser satisfecha mediante la ayuda internacional (caso actual de Somalia, y reciente de Etiopía y diversos países del Sahel).

Todo ello configura una situación de *extraversión y dependencia externa* que impiden de hecho el desarrollo económico africano.

Una estructura económica dual

Los siglos de agresión europea a los pueblos africanos, desde la trata de esclavos hasta la irrupción del colonialismo y el posterior neoimperialismo, tuvieron un resultado relativamente homogeneizador en todos los países del continente: la instauración de una *economía dual*.

El punto de partida era, sin embargo, diferente. Los países árabes del Mediterráneo compartían con los europeos la cultura grecolatina a la cual sumaban una larga tradición oriental. Incluso en la Edad Media superaban a Europa en el conocimiento de la naturaleza y de la técnica, de la filosofía y de las artes. Pueblo de mercaderes, cumplía la función de unir, a través de la práctica del comercio lejano, a civilizaciones que se ignoraban entre sí: Europa con Asia o con el Sur del Sahara.

En África negra la situación era muy distinta. Junto a colectividades con un grado de organización social relativamente elevado

—reinos e imperios contemporáneos del feudalismo europeo—, coexistían tribus dispersas o agrupaciones humanas nómadas que habitaban selvas, bosques, praderas o desiertos. Etnias como la bantú, la zulú, la mandinga, la dahomey o la etíope, entre otras, forjaron sociedades con alto grado de cohesión y eficacia para el sustento de su población.

El imperialismo europeo homogeneizó este gran abanico. *Todos* eran «salvajes». *Todos* eran «infieles». Por tanto, *todos* tenían que ser «civilizados». La peculiar forma de civilización que se impuso destruyó las armonías existentes en las organizaciones sociales pre-capitalistas, que con mayor o menor grado de crueldad o de justicia, conseguían sustentar a la población correspondiente con eficacia. Rotas dichas armonías, en su lugar se instauró una sociedad para la cual tales pueblos no estaban preparados. En la cúspide de dichas sociedades, en cada colonia, se encontraba siempre el colonizador. Control del poder, del comercio exterior, de la economía. A su amparo surgió un sector social aborigen colaboracionista, una especie de aristocracia burocrática que no alcanzó en la mayor parte de los casos la categoría de «burguesía compradora» que se desarrolló por ejemplo en Asia. Y en la base de la pirámide social, la masa del pueblo, segregada en dos grupos nítidos: los vinculados a la actividad de los colonialistas, ya sea en la esfera de los servicios, ya sea en la producción, y los que quedaban fuera de la esfera de actuación de los colonizadores. Este último sector, mayoritario, compone la masa de población *marginalizada* sobre la cual se va a abatir la pobreza y la miseria que hoy día caracterizan a África.

Esta estratificación perdura hasta hoy. La *dualidad* es su resultado. Coexisten dos sectores de población:

— Un sector vinculado al circuito de producción capitalista, generalmente estructurado en torno al poder político —burguesía burocrática— y a la propiedad extranjera, en la industria, los servicios, la agricultura y la minería. En el caso de la agricultura la propiedad suele estar altamente concentrada, generalmente en manos de propietarios europeos o norteamericanos, que explotan la tierra en régimen de *plantación* y producen básicamente para la exportación. Los trabajadores vinculados a este sector son asalariados, con salarios generalmente bajos, pero integrados como consumidores al circuito capitalista. Es un sector urbano y, en general «moderno», es decir, las actividades que desarrolla se rigen por la medida de la productividad y la rentabilidad propias del capitalismo. Se trata, sin embargo, de un sector minoritario en todos los países.

— El segundo sector está fuera del circuito capitalista, está *marginalizado*. Suele ser rural y agrario y su actividad básica es la *agricultura de subsistencia*. Los métodos de producción son los tradicionales y se escapan por tanto a la medida de la productividad y rentabilidad propias del capitalismo. Sin embargo, se trata de una actividad que sustenta a la mayoría de la población. De aquí su fragilidad y su dependencia de las condiciones climáticas —sequía, por ejemplo— para el desarrollo de su actividad. Pero la contradicción fundamental de este sector social es su papel doble con respecto al mercado: sus productos o no son comercializados o lo son marginalmente, a precios no competitivos y en general únicamente en el mercado local. Sin embargo, todo el resto de mercancías indispensables para la subsistencia, además de la que procede de su propia labor agrícola, si procede del mercado. Los escasos recursos monetarios de que pueden disponer determinan unas cotas de consumo de productos industriales extremadamente bajas. Por supuesto, la capitalización de la actividad productiva es prácticamente imposible.

Estos dos sectores conforman la economía dual. En el primero, ciertamente, hay situaciones de crisis, de bajos salarios, de paro, de pobreza. Como en cualquier país capitalista. Pero el segundo es el propiamente periférico, el marginal, el que se ve constreñido a subsistir de lo que produce directamente en condiciones de atraso técnico muy considerables y que, por otra parte, debe obtener en el mercado todo aquello que no produce. Esta contradicción alimenta el circulo vicioso de la pobreza.

La explosión demográfica

El acceso a la independencia de los pueblos africanos no rompió esta dualidad, sino que la incrementó. Sin embargo, entre otras modificaciones introducidas por la colonización europea, una de las más importantes fue la sanitaria. El control sanitario, tanto preventivo como curativo, de la población ha representado un considerable aumento de la esperanza de vida de los pueblos africanos que oscila entre los 65 años de Argelia y los 47 de Mozambique (datos de 1990) situándose la mayoría de los países en torno a los 50 años. Se trata de las esperanzas de vida inferiores a nivel mundial, pero reflejan una situación en África, que, unida al considerable descenso de la mortalidad infantil, representa un importante crecimiento demográfico. Los países africanos registran en general tasas de crecimiento de la población superiores al 3 % anual, las más elevadas del mundo.

Esta presión demográfica incrementa al sector marginal, el sector de subsistencia. El costoso —o imposible— acceso a la propiedad de la tierra hace difícil mantener a una población creciente y el resultado es la emigración masiva hacia las ciudades, que se convierten en grandes núcleos urbanos en los cuales, junto al sector propiamente capitalista, convive y malvive una ingente masa de población flotante que ya no dispone de tierras para subsistir y que configura un importante sector *informal*. Este grupo social es, por consiguiente, uno más de los que constituyen las capas de población por debajo del umbral de la pobreza.

Otra de las salidas viables para esta fuerte presión demográfica es la emigración hacia el exterior, ya sea hacia países vecinos con más oportunidades de trabajo —por ejemplo, de población de Mali, Níger, Gambia, Senegal o Benín hacia Costa de Marfil—, ya sea hacia el Norte desarrollado, en particular hacia Europa, donde la emigración magrebí y de África negra ha adquirido en nuestros días unas proporciones muy considerables.

La pobreza

La relación entre recursos naturales y bienestar deja de ser determinante bajo el capitalismo. Pueden existir abundantes recursos naturales —tierras fértiles, bosques, agua, minas— en un país y sin embargo su población vivir sumergida en la pobreza. Este es el caso de los países africanos, como señala el Banco Mundial en su «Informe sobre el Desarrollo Mundial» de 1990. Dice así: «Cerca de la mitad de los pobres del mundo en desarrollo viven en Asia Meridional... Las personas pobres en África al Sur del Sahara son alrededor de una tercera parte de ese número, aunque en relación con la población global de la región su pobreza es aproximadamente de la misma magnitud». Por citar algunas cifras: en Costa de Marfil el 86 % de la población rural se situaba en 1980 por debajo del umbral de pobreza, el 80 % en Ghana y el 96 % en Kenya. Según estimaciones del PNUD para el año 1990 el número de habitantes por debajo del umbral de pobreza era de 31 millones en Etiopía, más de 20 millones en Zaire, 12 millones en Egipto, 9 millones en Marruecos, más de 6 en Ruanda, Burundi, Sudán, Malawi y muy altos porcentajes de la población total en todos los países de la franja del Sahel, desde Mauritania hasta Somalia.

El Índice de Desarrollo Humano elaborado por el PNUD muestra también esta situación: de los 25 países con menor índice de desarrollo humano en el mundo (1990), 21 son africanos de los cuales los que muestran una peor situación son Guinea, Sierra Leona, Burkina Faso, Níger y Mali.

Si atendemos al nivel general de renta de cada país, medido por el Banco Mundial en términos de PNB per cápita, las diferencias con los países desarrollados son abrumadoras: en Suiza, el PNB per cápita de 1990 era de 32.680 dólares; en Mozambique era de 80 dólares por habitante. Basta esta comparación para medir el abismo. La práctica totalidad de países africanos está clasificada en el grupo de «ingresos bajos» (menos de 600 dólares per cápita al año); en el grupo de ingresos medianos bajos (entre 600 y 2500 dólares) se sitúa el resto. Sólo Gabón (3.330 dólares per cápita) se sitúa en el grupo de ingresos medianos altos.

En conclusión, África, tanto al Norte como al Sur del Sahara constituye, junto a Asia Meridional, el grupo humano más pobre del planeta. Sin embargo cabe hacer algunas matizaciones a los datos generales. La distribución de los ingresos es altamente desigual en todos los países africanos, lo cual implica la existencia de un sector rico de la población y una mayoría extremadamente pobre.

Esta mayoría, tanto de zonas rurales como de zonas urbanas es la que padece situaciones de miseria, desnutrición y hambre más ostensibles. Cuando a la situación de miseria estructural se suma alguna calamidad natural —sequía, inundaciones, malas cosechas— o social —guerras—, sobreviene *el hambre*. Tal ha sido el caso de Biafra en Nigeria, de Etiopía, de Burkina Faso, de Mali, del Chad, de la República Centroafricana, de Níger y en 1992 de Somalia. Cuando sobrevienen situaciones de este tipo, la muerte por hambre e inanición es muy elevada. Y es entonces cuando se ponen en funcionamiento las campañas «humanitarias» de ayuda internacional que tratan de paliar una situación a todas luces intolerable pero que sólo consiguen eliminar su imagen más deplorable. El problema no es de mala coyuntura, es estructural.

La ayuda económica internacional

Pero también es estructural la necesidad de la ayuda económica internacional, es decir, la transferencia casi gratuita de alimentos y medicinas y, sobre todo, la ayuda financiera. Numerosos países africanos sólo pueden mantener a flote sus economías merced a dicha ayuda internacional. La «Asistencia Oficial para el Desarrollo» (AOD) concedida por los países desarrollados a los países de la Periferia se convierte en muchos casos en la fuente principal de ingresos en divisas de muchos países. Según datos del Banco Mundial (Informe sobre el Desarrollo Mundial de 1992) la AOD con respecto al PNB de cada país representó el 65,7 % en Mozambique, más del 40 % en Tanzania y en Somalia y entre el 20 % y el 40 % en Chad, Malawi, Burundi, Lesotho y Mauritania; la mayor parte del resto de países recibió entre el 10 % y el 20 %.

Es decir, en la mayor parte de los casos los países africanos subsisten financieramente merced a flujos monetarios de origen no mercantil. Sus exportaciones no permiten pagar sus importaciones y, menos aún, hacer frente a la deuda externa acumulada.

La deuda externa

Durante la década de los 80, y como en la mayoría de países periféricos, sobre todo de América Latina, los países africanos se sumieron en una espiral de endeudamiento exterior. Los altos niveles de endeudamiento a las tasas de interés establecidas hacen inviable, en la mayor parte de los casos, el pago del servicio de la deuda y por supuesto la devolución del principal. En 1990, el porcentaje de la deuda externa sobre el PNB representaba el 384,5 % en Mozambique, el 282 % en Tanzania, el 276 % en Somalia, el 141 % en Zaire, el 134 % en Madagascar, el 146 % en Sierra Leona, el 261 % en Zambia, el 226 % en Mauritania, el 126 % en Egipto, el 203 % en el Congo, el 110 % en Nigeria, por citar únicamente a los que superan el 100 %. Estos volúmenes de deuda son obviamente impagables. Así lo han comprendido los principales acreedores y en algunos casos, —con respecto a los países más pobres del continente— se ha condonado la deuda. Pero el problema sigue pendiente de resolver en su globalidad y año a año el volumen de deuda en lugar de descender, asciende. Este es uno de los principales problemas que hoy afectan a la comunidad financiera internacional, pues ni se puede cobrar la deuda ni se puede dejar de conceder créditos a países que prácticamente se sostienen gracias a la asistencia exterior.

Otro tema es el del uso de los créditos, los préstamos y la ayuda exterior. Salvo la ayuda en especie —alimentos y medicamentos, por ejemplo— la ayuda financiera tiene cuatro grandes usos: la inversión industrial, en general para proyectos destinados a la primera elaboración de materias primas u otros productos de exportación; la construcción de infraestructuras, básicamente redes viarias para facilitar los movimientos de las mercancías exportables; la construcción y mantenimiento de servicios públicos de educación y sanitarios y, por último, pero en muchos casos el más importante, para el abastecimiento de armas y material bélico. En muchos casos el volumen principal de la ayuda internacional se utiliza casi íntegramente en gastos del Estado en armamento y, merced a la corrupción existente, en enriquecimiento personal de los sectores sociales dominantes.

Conclusión y perspectivas

Si algo se puede concluir con facilidad de lo antedicho es que África vive una situación insostenible. En las condiciones actuales una sociedad no puede durar mucho tiempo sin que se produzcan grandes estallidos sociales internos. La presión demográfica, el atraso económico, la dependencia exterior, la inserción periférica en el mercado mundial, la artificial división geográfico-política entre países, los conflictos interétnicos, en fin, la pobreza y el hambre, son elementos que configuran una situación altamente inestable. A corto plazo se prevé una oleada de situaciones de hambre como las recientemente acontecidas en Etiopía o en Somalia, que no son otra cosa que la punta del iceberg que se esconde tras una estructura económica y social ineficaz para solventar los problemas de fondo del continente. Pero la actual correlación de fuerzas a nivel mundial, con el fin de la guerra fría y la desaparición de la Unión Soviética, hacen difícil por no decir imposible, el intento de solucionar los problemas por la vía socialista y revolucionaria. Hoy, la perspectiva es únicamente capitalista a corto plazo. El Fondo Monetario Internacional elabora, en combinación con los Gobiernos locales, las correspondientes políticas de ajuste, sin acometer las profundas reformas estructurales, internas, por supuesto, pero también externas, sobre todo del funcionamiento del mercado mundial, que son requisito indispensable para que se pueda iniciar ese proceso de desarrollo que desde los años 50 están anunciando los economistas occidentales y que por el momento no parece tener lugar. Más de cuatro décadas de independencia y de capitalismo no han logrado sacar a ningún país africano de su letargo, antes al contrario, han contribuido al empobrecimiento generalizado de su población. Al parecer, las «vías de desarrollo» no son las que creían los teóricos y economistas de la ONU. En África, el modelo de desarrollo está aun por descubrir y pasa desde luego por una profunda reforma social interior y por una radicalmente nueva forma de relación con el exterior.

V. AMÉRICA LATINA: UN CONTINENTE EN CRISIS[1]

Una historia traumática: del neolítico superior a los albores del capitalismo

América Latina es el fruto de un proceso histórico peculiar, que no encuentra parangón en ningún otro territorio del planeta. Son dos las características principales que definen este proceso:

— El choque de dos sociedades, una anclada en el neolítico superior y otra en un complejo proceso de transición entre el feudalismo y el naciente capitalismo.

— Este choque de culturas y economías no representó la *desaparición física* de la población autóctona, sino un profundo mestizaje, a diferencia de otras colonizaciones como la británica o la holandesa.

El resultado es una población étnicamente diversa, con predominio absoluto del mestizo de indio y español (o portugués) y con una importante inyección poblacional procedente de África, a través del intenso proceso de trata de esclavos que caracteriza *también* la historia de América.

1 Este artículo fue publicado en catalán en el volumen 8 de la *Geografía universal* de la editorial 92 S.A. en febrero de 1993 con el título «L'America Latina: un continent en crisi».

Los pobladores de la América precolombina se hallaban en diversos grados de desarrollo histórico, con grandes abismos entre sí. Desde las poblaciones cuasi nómadas y recolectoras o cazadoras de las selvas amazónicas, las pampas argentinas, los Andes, Paraguay, el norte de México, Estados Unidos y Canadá o amplias zonas de las actuales Colombia, Guyanas, Venezuela o América Central y el Caribe, hasta las importantes civilizaciones chibcha, aymará, quechua, inca en el Perú, Ecuador y Bolivia, maya en México y Centroamérica o nahua en ese mismo territorio, con el claro predominio de los aztecas, auténtica potencia imperial de la época. Esta diversidad primigenia se convirtió en homogeneidad tras la conquista: todos los indios fueron tratados en la práctica de igual modo por los conquistadores españoles, destruyendo sus economías, sus culturas e insertándolos como mano de obra esclava, sierva o asalariada en los incipientes procesos productivos instalados en las colonias.

El descubrimiento de América por Cristóbal Colón, en 1492, significó, además del inicio de un terrible genocidio, el mayor salto en la historia humana conocido hasta entonces y sus protagonistas fueron los habitantes del continente y los recién llegados conquistadores. Unas sociedades que en el mejor de los casos se hallaban en el neolítico superior, es decir, no dominaban aun la transformación de los metales (el hierro, por ejemplo, aunque si conocían el tratamiento del oro, la plata e incluso el bronce, utilizados para la fabricación de objetos rituales o de adorno), desconocían el uso de la rueda, se hallaban organizadas, en el caso de las principales civilizaciones, en torno a una idea teocrática del mundo y por extensión del poder, basado en la fuerza de las armas y regido merced al modo de producción tributario imperante, con profundos conocimientos científicos en algunas ramas del saber, como la astronomía, pero con prácticas religiosas antropófagas, con una mitología religiosa casi naturalista, pero al propio tiempo cruel. Estas sociedades se enfrentaron con el impacto de otra sociedad recién salida del feudalismo pero aún no capitalista, una sociedad que acababa de expulsar a los árabes de Granada, acabando así la llamada «Reconquista», una sociedad por tanto militarista y expansionista, heredera espiritualmente de la defensa ortodoxa y dogmática del catolicismo y posteriormente adalid de la Contrarreforma antiluterana, pero al propio tiempo influida por los ideales del Renacimiento, recién iniciada en la generalización de la economía monetaria y por tanto codiciosa hasta la saciedad de ganancias fáciles, de oro y de plata, en fin, una sociedad convulsa encabezada por el monarca español, a la sazón guardián de la religión católica, líder de la Contrarreforma y en tiempos del imperio de Carlos I y Felipe II, absoluta primera potencia mundial del momento.

Una diversidad tal de culturas, de valores, de deseos y de intereses económicos al entrar en contacto entre sí y *fundirse en una sola sociedad* tuvo necesariamente que dar lugar a un trauma profundo en sus pobladores. No es la crueldad de los conquistadores la causa de este trauma: toda guerra y toda conquista han sido crueles, en América y en cualquier parte (la guerra entre turcos, árabes y cristianos de la misma época era tanto o más cruel). La causa del trauma es la *sorpresa* de los conquistados y los conquistadores, los unos por creer en la llegada de dioses largo tiempo esperados —Quetzalcoatl en México, Viracocha en Perú— lo cual parece que facilitó su conquista; los otros, por descubrir pueblos y sociedades absolutamente ignorados hasta entonces en Europa, que les abrían un inmenso horizonte de riqueza, de poder y de gloria. No era ya simplemente el establecimiento de rutas comerciales, como ocurría en el caso de Asia, sino una auténtica aventura humana, sin límites conocidos.

Pero la guerra tiene sus leyes. Los descubridores y conquistadores, desde Colón y Yáñez Pinzón hasta Elcano y Magallanes, pasando por Hernán Cortés, Francisco Pizarro, Pedro de Almagro, Cristóbal de Olid, Pedro de Alvarado, Pedro de Mendoza, Juan de Garay, Domingo Martínez de Irala, Gonzalo Sandoval, Vasco Núñez de Balboa, Alvar Núñez Cabeza de Vaca, Pedro de Valdivia y otros, vencieron a los indios, ciertamente merced a su superioridad técnica —armas, caballos, etc.— pero también merced a la alianza con otros indios, sin cuyo concurso la conquista habría sido imposible —tlaxcaltecas en México, mixquitos en Centroamérica, etc. Y el contacto se saldó con la derrota de los indios, la destrucción de su cultura, su evangelización consiguiente y su desaparición física en muchos casos provocada por el contagio de enfermedades antes no conocidas: la viruela, por ejemplo. También los indios opusieron resistencia y sus caudillos son recordados como los primeros héroes de esa nueva América que nace: los nombres de Hatuey en Cuba, de Cuitláhuac, Cuauhtémoc, Coanacoch y Tetlepanquetzal en México, de Atahualpa, Manco Capac y Tupac Amaru en Perú y Caupolicán en Chile son aún hoy mitos y héroes nacionales.

Pero la sociedad que iba a surgir era ya desde su origen mixta: india y española. Sin entender este hecho es difícil comprender la peculiaridad latinoamericana. La colonia, siglos de relativa estabilidad, da lugar a la formación *periférica* de una sociedad dependiente de España, la metrópoli europea. Desde las primitivas encomiendas hasta la conversión de América en fuente de materias primas agrarias y productos mineros, la historia de América Latina es la típica historia de la periferización capitalista. En este proceso se inscribe otra de las raíces humanas de la actual población latinoamericana: la población negra, de origen africano. La escasez de mano de obra para la explotación de las plantaciones favoreció la trata de esclavos y los asentamientos de esclavos africanos en el Caribe, en Brasil y en zonas de Centro y Sudamérica fueron una constante en los siglos coloniales (otro tanto ocurrió en el actual territorio de los Estados Unidos, aunque en este caso nunca se produjo la mezcla entre blancos y negros). En América Latina, también los negros se fundieron con la población mestiza, dando lugar a un crisol de tipos humanos resultantes de la fusión de indios, blancos y negros (mestizos, criollos, zambos, mulatos, etc.).

La colonia homogeneizó la población, la incorporó a las normas propias de su época. Una clase dominante formada por españoles, criollos y numerosos mestizos; una clase dominada de mestizos, negros e indios. La independencia, proceso generalizado entre 1810 y 1821, la encabezan sectores criollos y mestizos y se obtiene bajo el ideario difuso de la revolución francesa. La independencia no representó la redención de los indios. Significó el rompimiento de los lazos con España, pero la opresión de indios y negros se mantuvo. Las nuevas clases dominantes profundizaron el modelo heredado de la colonia y sólo algunas excepciones —Benito Juárez en México— permitieron mejorar en cierta forma el estatuto indígena. El fin de la esclavitud negra es, a su vez, bastante tardío —finales de siglo XIX. Culturalmente, América Latina se insertó en las corrientes de origen europeo de la época, sin lograr reconocerse plenamente en su herencia europea pero sin encontrarse tampoco satisfecha en la tradición india. La independencia no resolvió tampoco la profunda cuestión de la identidad *nacional* latinoamericana. Ciertamente, surgieron y se consolidaron las naciones —patrias— que hoy configuran el continente, pero siempre con la esquizofrenia latente del doble —o triple— origen.

Ya bien entrado el siglo XIX y principios del XX, con las economías nacionales en Latinoamérica bien asentadas, se produjo otro importante flujo migratorio: de nuevo Europa volcaba sus excedentes humanos en el continente. Pobres de Portugal, España, Italia, Irlanda, Polonia o Alemania se instalaron como emigrantes en los vastos territorios americanos, sobre todo en Argentina, Brasil, Chile y Uruguay, pero también en México y en el Caribe. El crisol de pueblos y culturas continuó.

En nuestros días, Latinoamérica es el resultado de este proceso. Las profundas dificultades de identidad —como indica Octavio Paz— siguen presentes. Sin entender este problema es difícil comprender a los latinoamericanos de hoy. Sin entender que su historia es una historia traumática no es posible identificar a América Latina en toda su profundidad.

La formación de una economía periférica

Además de los aspectos humanos, de índole política, militar, cultural o religiosa, la conquista y colonización de América representó un conjunto de profundos cambios en la difusión mundial de especies vegetales y animales hasta entonces circunscritas a sus territorios de origen. En efecto, con los colonizadores viajaron a América plantas y animales hasta entonces desconocidos en aquellas latitudes y viceversa viajaron hacia Europa una gran diversidad de nuevos productos agrarios que provocarían en ambos continentes una verdadera revolución dietética. Merece la pena señalar pormenorizadamente este importante movimiento de productos:

— América ofreció al mundo alimentos vegetales como la patata, el maíz, la yuca o mandioca, la batata o boniato, el frijol, el cacahuete, el chile, el tomate, la hierba mate, el tabaco, el cacao, la vainilla, frutas como la piña, la guanábana, el zapote, la chirimoya, el mango, el aguacate, la papaya, el mamey; cactáceas como el maguey o el higo chumbo o nopal, y numerosas plantas de uso industrial como el algodón, la cochinilla, el chicle, el hule y el henequén así como plantas medicinales: la quina, la coca, la zarzaparrilla.

— España y otros países europeos, por su parte, incorporaron a América un conjunto no menos importante de productos agrarios: trigo, cebada, centeno, avena, lentejas, garbanzos, habas, lechugas, acelgas, coliflor, espinacas, alcachofas, nabos, remolacha, zanahoria, manzana, pera, naranja, limón, toronja, membrillo, melocotón, cerezas, granadas, alfalfa, uvas y vino, etc. Algunos cultivos de origen asiático o africano fueron incorporados a América por los españoles. Por ejemplo el arroz, el café y el azúcar. Asimismo fue de esencial relevancia la aclimatación en América de especies animales hasta entonces desconocidas en aquellas tierras: caballos, asnos, mulas, ganado vacuno, porcino, ovino y caprino y numerosas especies de aves de corral.

— Este importantísimo trasiego transatlántico de especies animales y vegetales modificó substancialmente, además de la dieta alimenticia de americanos y europeos, los hábitos y especializaciones productivas, sobre todo de las colonias americanas. En efecto, ya desde la primera época colonial, una vez superado el primer impacto del pillaje fruto de la conquista, los colonizadores fomentaron la agricultura y la ganadería, en particular en forma de granjas —ranchos, haciendas o estancias— ganaderas y de plantaciones agrícolas, trabajadas por mano de obra india o negra, en general esclava o servil, y en su origen en un marco de propiedad caracterizado por el régimen de «encomienda». Los tres siglos de colonia conocieron cambios profundos en la estructura de la propiedad de la tierra y dieron origen a una poderosa clase social de grandes propietarios latifundistas, ligados a las autoridades colonizadoras. Esta clase fue el agente social prioritario en el proceso de transformación de la economía de la América colonial. Fue bajo su impulso que se introdujeron los cultivos de exportación, producidos en *plantaciones*, destinados precisamente a la especialización exportadora. Productos como el café, el cacao, el azúcar, el tabaco, algunas frutas, algunas plantas industriales como el algodón o el caucho, e incluso la carne de vacuno, se convirtieron en productos primarios destinados a la exportación hacia los mercados europeos. Al propio tiempo, otros productos agrarios se mantuvieron en régimen de subsistencia y sirvieron para el mantenimiento de la población indígena o mestiza: el maíz,el frijol, el chile y en algunos casos el arroz, la yuca y algunas frutas.

La economía latinoamericana se polarizó ya desde la colonia en dos sectores, el primario-exportador y el de subsistencia. A este tipo de actividad hay que añadir la propia de las de origen minero. También en este campo, América Latina colonial se especializó en la producción para la exportación: desde los metales preciosos de la primera época colonial, el oro y la plata, hasta minerales y metales de uso industrial, elementos esenciales para el desarrollo de la incipiente industria europea: estaño, cobre, níquel, etc.

En sentido contrario, América recibía de Europa fundamentalmente artículos manufacturados: textiles, productos metálicos, herramientas, cerámica,... Es decir, el modelo que prefigura el futuro periférico de la región.

La emancipación política fruto de las luchas independentistas de principios del siglo XIX, lejos de modificar esta situación la profundizó. Los sectores sociales latifundistas, en manos de criollos, no perdieron sus privilegios sino que dominaron la escena política del siglo XIX y, en muchos países, hasta la actualidad. Las reformas agrarias no tuvieron lugar o sólo se produjeron en casos aislados y tardíamente. Por otra parte, la industrialización no tuvo el impulso que en la misma época tenía en Europa o en los Estados Unidos, donde el capitalismo se consolidaba como modo de producción hegemónico.

De este modo, los países que constituyeron la América Latina independiente siguieron ocupando una posición dependiente en el sistema capitalista mundial en formación. Es decir, siguieron siendo países primario-exportadores, combinados dualmente en su estructura interna con un amplísimo sector de subsistencia.

A este respecto, el cambio esencial correspondió a las modificaciones en las potencias hegemónicas en la región: España y Portugal dejaron su lugar a Inglaterra y Francia, y con el transcurso del tiempo, estas potencias fueron substituidas por los Estados Unidos, que desde fines del siglo XIX es sin duda alguna la potencia hegemónica en la región, la que la modela en función de sus propios intereses. La periferización de Latinoamérica es, pues, de origen antiguo, pero su consolidación como periferia tiene lugar bajo el dominio de los Estados Unidos. En este sentido América Latina se distingue de otros países periféricos asiáticos o africanos. En efecto, la colonización de estos continentes se produce mediante el imperialismo capitalista de los siglos XVIII y XIX y toma el aspecto de colonización-ocupación económica, política y militar. Por el contrario, en América Latina no se produce este fenómeno. Los países latinoamericanos mantienen su soberanía e independencia política. Pero son altamente dependientes de Estados Unidos económicamente y están sometidos a la tutela externa política y militar de esa potencia. Esta situación heredada de finales del siglo XIX es la que, con matices según los países, sigue configurando la inserción de América Latina en el sistema capitalista mundial. Es la forma de inserción que algunos autores han denominado neoimperialista.

Una economía periférica

— *El modelo primario-exportador*

La conquista y posterior colonización habían moldeado unas economías profundamente volcadas al exterior y dependientes de las economías de los países-metrópoli.

Ello dio lugar a que, una vez obtenida la independencia y constituidos los diferentes Estados latinoamericanos, la inserción exterior de estos estuviera caracterizada por lo que se conoce como el modelo *primario-exportador*, es decir, un modelo en virtud del cual cada país se especializó en una o pocas actividades preponderantes y las mercancías procedentes de estas actividades se destinaban al mercado externo. Es el típico modelo de país periférico. Estuvo vigente desde la independencia hasta los años cuarenta, con un período de gran auge entre 1850 y 1930.

Son tres las formas de manifestarse este modelo primario-exportador:

a) El *enclave minero*, con abundante utilización de recursos naturales, escasa generación de empleo y gran dependencia del capital y la tecnología extranjera. Los principales fueron los del cobre en Chile, el estaño en Bolivia, el hierro en Brasil, el salitre en Perú, Chile y Bolivia, la plata en México y más recientemente el petróleo en Venezuela, México y Ecuador. A este tipo de actividad cabe sumar la exportación de guano de Perú.

b) *Agricultura de plantación* basada en el cultivo de productos tropicales destinados a la exportación, con abundante empleo de mano de obra asalariada, uso extensivo de la tierra, escasa capitalización y tecnología rudimentaria y alta concentración de la propiedad de la tierra, básicamente en manos de compañías extranjeras aliadas a terratenientes locales.

Los principales productos de este tipo de actividad son el azúcar, el café, el cacao, el plátano y otras frutas tropicales, el algodón, el tabaco, el henequén, el caucho, etc. y se desarrolló básicamente en Brasil, Colombia, Ecuador, México, Venezuela y sobre todo en los países de América Central y el Caribe.

c) *Exportación de productos agropecuarios* que, a diferencia del caso anterior, no se producen en régimen de plantación. Se trata principalmente del uso extensivo de la tierra para la cría de ganado, lo cual representa una utilización escasa de capital, poca mano de obra, en muchos casos no asalariada sino independiente —el campesino autónomo, como el gaucho argentino— y una tendencia acusada a su conversión en *industria agroalimentaria*. Este tipo de exportación se produce esencialmente en productos ganaderos como la carne, pieles y derivados pero también en el ámbito de la agricultura como es el caso de los cereales. Su implantación geográfica se limita a Argentina, Uruguay y el Sur de Brasil.

— *El modelo de industrialización por substitución de importaciones (modelo* ISI*)*

La crisis económica mundial de los años treinta provocó el colapso de las economías primario-exportadoras, por la caída de las exportaciones de materias primas y de productos tropicales. La guerra mundial, por su parte, aceleró la demanda de productos manufacturados de los países en guerra, lo cual favoreció un cambio en la orientación de las actividades económicas en Latinoamérica hacia la industrialización. Este modelo intenta fomentar el desarrollo hacia dentro, mediante la substitución de importaciones y la creación de un mercado nacional que consuma productos industriales nacionales. Significó un fuerte descenso del peso de las importaciones en el PIB y un descenso algo menor de las exportaciones.

Lo más relevante del modelo, sin embargo, es el cambio cualitativo en las importaciones que pasan de ser productos manufacturados de consumo a ser materias primas y productos intermedios, con un ligero crecimiento de la importación de bienes de equipo.

Este modelo se implanta en la práctica totalidad de América Latina con algunas excepciones como los países de América Central, el Caribe, Paraguay o Bolivia que siguen siendo primario exportadores— y va acompañado de un fuerte ascenso del proteccionismo económico, del nacionalismo político, de las nacionalizaciones de recursos naturales, —como es el caso pionero y precursor del petróleo en México (1938) y la fundación de la Compañía PEMEX—, y un rosario de revoluciones, provocadas por el fin del modelo primario-exportador. El caso más radical es el de Cuba (1959) donde toda la actividad económica es nacionalizada y se implanta una economía planificada en un país revolucionario. (Otras experiencias de este tipo fueron abortadas por golpes de Estado o por intervenciones norteamericanas como en el caso de Guatemala con Arbenz, Chile de Allende o República Dominicana con Caamaño, en un período que va desde 1950 a 1975).

Otro aspecto significativo es que durante este período la dependencia de los países latinoamericanos cambia definitivamente de dirección. En la etapa anterior la dependencia era multipolar: Europa y EE.UU. Durante el período en el que actúa el modelo ISI, la hegemonía de los EE.UU. se hace completa y la mayoría de los flujos comerciales se efectúan hacia o desde los Estados Unidos. América Latina se configura así como una zona de influencia privilegiada de su poderoso vecino del Norte.

— *El modelo de industrialización por substitución de exportaciones (modelo ISE)*

El colapso del modelo ISI, unido al desarrollo de la crisis mundial de los años 1967-1973, liquidó las aspiraciones industrializadoras de los países de la región. Graves crisis sociales abrieron el paso a dictaduras militares y represivas y fomentaron en el extremo opuesto el desarrollo de movimientos guerrilleros (Colombia, Guatemala, Perú, El Salvador, Nicaragua,...). En materia de comercio exterior la orientación cambió de rumbo. Frente a las exigencias del Fondo Monetario Internacional, y con el objeto de hacer frente al oneroso pago del servicio de la deuda, la mayoría de los países optaron por modificar el modelo en profundidad y reconvertir su comercio exterior. Se intenta diversificar las exportaciones, como es el caso de Chile (pasa de exportar casi únicamente cobre a exportar básicamente frutas), pero sobre todo se produce un importante desarme arancelario frente al exterior, que favorezca la afluencia de capital extranjero y la industrialización interna consiguiente. Acompañando este proceso se producen otros dos: la tendencia a la integración económica de varios Estados y la *crisis generalizada* en la región. Por ello se llama a la década de los años ochenta *la década perdida*.

En este período que se extiende hasta la actualidad y prefigura el futuro, la hegemonía norteamericana se ha consolidado en la región, y tiende a solidificarse aun más mediante los acuerdos de libre comercio con México y el fomento de las relaciones comerciales con otros países.

Una economía en declive: la «década perdida»

La evolución del PIB per cápita en América Latina desde 1960 hasta nuestros días (medido en dólares constantes de 1980) registra con nitidez lo que ya se ha convertido en un lugar común: *el declive económico de la región en este período.*

Los efectos de este declive se observan en el *decrecimiento absoluto de su PIB per cápita* entre 1970 y 1987 en seis países: Venezuela, Argentina, Jamaica, El Salvador, Nicaragua y Bolivia. En el período 1980-1987 el declive es aún mayor y afecta a la mayoría de los países: además de los ya indicados, afecta a Uruguay, México, Chile, Costa Rica, Perú, Paraguay, Guatemala, Ecuador, Honduras y Haití; los países que no decrecen en términos absolutos, como Brasil, Rep. Dominicana, Panamá y Colombia, crecen a un ritmo muy lento durante el período. Es decir, entre 1960 y 1990 ha habido un claro cambio de tendencia en la evolución de este indicador.

Esta evolución ha dado lugar a otro fenómeno: la distancia en términos de PIB per cápita entre los países de América Latina y los del Centro del sistema *se ha acrecentado* en el período 1960-1990, la brecha entre unos y otros es cada vez mayor y es la prueba mejor del fracaso de las ilusiones desarrollistas de los años 50 y 60.

Asimismo, la distancia en términos de PIB per cápita entre los países de la región es también muy elevada: los 3.320 dólares per cápita de Trinidad y Tobago en 1989 y los 360 de Haití en la misma fecha indican una diferencia de 1 a 10, lo cual es muestra de la heterogeneidad de los países latinoamericanos. Sin embargo, la brecha entre el más rico de los latinoamericanos y la media del PIB per cápita de la OCDE es también muy elevada.

Por otra parte, la distribución de la renta entre diferentes sectores de la población es altamente desigual. Por ejemplo, en Brasil, en 1983, el 20 % de la población más rico controlaba el 63 % de la renta, mientras el 60 % de la población recibe únicamente el 18 % de la riqueza nacional. Es el caso más extremo de mala distribución de la renta en el mundo y se agrava en su límite inferior por cuanto el 20 % más pobre sólo percibe el 2,4 % del producto total.

Esta situación se reproduce en la totalidad de países de América Latina, dando lugar a la existencia de fuertes contrastes entre ricos y pobres, entre opulencia y miseria.

Un mundo de contrastes sociales: la pobreza en América Latina

El fracaso de las ilusiones del desarrollo alimentadas por la teoría económica convencional adoptada por la ONU y otros organismos internacionales, ha dado lugar a un cierto cambio de orientación en la actitud de la propia ONU y del Banco Mundial hacia el tema de la pobreza. Esta preocupación generalizada, se ha plasmado en dos estudios que han abordado monográficamente el tema de la pobreza: el *Informe sobre el desarrollo mundial* de 1990 del Banco Mundial, dedicado íntegramente al tema de la pobreza y el *Informe sobre el Desarrollo humano* del Programa de las Naciones Unidas para el Desarrollo (PNUD), también de 1990 y una segunda parte en 1991. En ambos trabajos el tema central es la pobreza y, asimismo, en ambos trabajos América Latina ocupa un lugar destacado, junto a los países más pobres de Asia y África.

El Banco Mundial utiliza un *umbral de pobreza universal* que permite establecer comparaciones a nivel mundial y que queda establecido en la franja que va de los 275 $ a los 375 $ por persona y año, valorados a precios constantes y en dólares de 1985.

Mediante el uso de este umbral, el Banco mundial calcula el número de pobres en algunos países y regiones. Los resultados más relevantes para América Latina son los siguientes:

— Para el conjunto de la región (América Latina y el Caribe) el número de «extremadamente pobres» era en 1985 de 50 millones y el número total de «pobres», incluyendo la categoría anterior, llegaba a los 70 millones, cifra superior a la correspondiente al Oriente Medio pero muy inferior a la de África y Asia.

— Por países, el Banco Mundial no ofrece cifras globales, sino algunas muestras. Por ejemplo, la importancia de la pobreza en medio rural: se calcula el porcentaje de pobres en medio rural sobre el total de pobres de un país y se obtienen resultados que indican que este porcentaje era del 66 % en Guatemala, del 37 % en

México, del 59 % en Panamá, del 52 % en Perú y del 20 % en Venezuela, en todos los casos porcentaje superior al de la población en medio rural sobre la población total, lo cual indica que en el medio rural la pobreza está más difundida que en medio urbano en casi todos los países aunque en México y en Venezuela hay más pobres en medio urbano que en medio rural.

— La evolución del número de pobres suele seguir una línea decreciente, aunque muy lentamente decreciente. El Banco mundial recoge la evolución en sólo cuatro países de América Latina: Brasil, que entre 1960 y 1980 ve descender el número de pobres desde 36,1 millones a 25,4 millones, cifra que vuelve a crecer entre 1981 y 1987, llegando a 33,7 millones de pobres en este último año; Colombia que entre 1971 y 1988 pasa de 8,9 a 7,5 millones de pobres; Venezuela que entre 1982 y 1987 ve aumentar el número de pobres de 1,9 a 3 millones y Costa Rica que entre 1971 y 1986 pasa de 800.000 a 600.000 pobres. Esta tendencia ligeramente decreciente a largo plazo, pero altamente creciente en la década de los 80, se supone que opera en el resto de América Latina, aunque el Banco Mundial no ofrece datos para corroborarlo.

En definitiva, que las sociedades latinoamericanas se caracterizan por la existencia de una masa poblacional en estado de pobreza que coexiste con islotes de riqueza muy considerable, particularmente localizada en barrios altos de las grandes ciudades de la región.

La estructura productiva: obstáculo del desarrollo

La estructura productiva es la resultante y al propio tiempo la causa («el obstáculo») del subdesarrollo. Suele ser medida mediante los porcentajes de empleo o de valor añadido en los tres sectores clasificatorios más generales: agrario, industrial y de servicios. No obstante, conviene hacer aquí una objeción a esta clasificación en el sentido de señalar que lo que se entiende por «servicios» es un cajón de sastre que engloba desde los más modernos —televisión, aviación, informática— hasta la inmensa masa de marginados que ofrecen sus servicios personales por las calles de Latinoamérica:

limpiabotas, vendedores ambulantes, vigilantes, guías de turismo, etc. Una segunda objeción es la difícil clasificación de la gran masa de población inserta en lo que se denomina «trabajo informal» o «trabajadores por cuenta propia», categoría que incluye tanto a auténticos trabajadores autónomos como a esa masa de marginados sin oficio o trabajo concreto. Otra última objeción es que en los países con amplia población de origen indio, las comunidades indígenas escapan a la clasificación y son difícilmente integrables en alguno de los grupos mencionados.

La estructura productiva latinoamericana se caracteriza, en general y con amplias diferencias según los países, por un predominio del empleo agrario y de servicios «no modernos», en detrimento del empleo industrial y de servicios modernos. Esta estructura se deriva de la desigual distribución de la propiedad agraria, con predominio de latifundios y plantaciones, al lado de una ingente masa de campesinos pobres sin tierra o con tierra escasa, únicamente capaz de resolver su subsistencia. La industria se divide en nacional y multinacional, siendo la primera o bien de ámbito local o bien dependiente de las extrajeras. No existe un mercado interior suficientemente desarrollado en multitud de productos y en otros, como en los bienes de equipo la dependencia del exterior es casi total. Así pues, la falta de una reforma agraria y los fracasos de los procesos de industrialización del pasado han dado lugar a una situación de declive y postración económica.

Una característica significativa acerca del empleo y su evolución en América Latina es su composición por sexos. A este respecto América Latina se encuentra muy alejada de las cotas de incorporación de la mujer al trabajo propias de los países industrializados.

El porcentaje de mujeres en la población activa en 1988 oscila en todos los países entre el 20 % y el 30 %, con dos extremos: uno superior con Haití y Jamaica con 42 % y 46 % respectivamente y uno inferior con Honduras y Rep. Dominicana, con 18 % y 15 %. Sorprende que en una misma isla coexistan dos sociedades tan diferenciadas a este respecto: Haití y Rep. Dominicana. Los especialistas en el tema atribuyen el fenómeno a la influencia de la religión y se señala que son los países islámicos seguidos de los católicos los que integran con mayor dificultad a las mujeres en el trabajo asalariado y productivo, al menos estadísticamente.

En cuanto a la evolución desde 1965 de este indicador se constata un ligero crecimiento, aunque lo más significativo sea su estancamiento, prueba de que la plena incorporación de las mujeres al trabajo asalariado está lejos de producirse.

Una sociedad endeudada: la crisis financiera

Las causas del fuerte declive producido durante la década de los 80 no son sólo estructurales; son también de índole coyuntural y cabe buscarlas en el impacto de la crisis mundial en Latinoamérica a través del denominado «problema de la deuda».

Este problema surge como efecto del impacto de la crisis económica mundial de 1967-73 y tiene su origen en el aumento de la liquidez de la Banca Internacional originado por la afluencia de petrodólares y las facilidades con las que prestó dinero a los países del Tercer Mundo a baja tasa de interés. Con el ascenso de Reagan al poder en Estados Unidos y la modificación al alza de los tipos de interés, los países que habían recibido préstamos internacionales vieron aumentar de golpe su deuda y a partir de ese momento el problema se convirtió en un circulo vicioso. Para pagar la deuda había que endeudarse más y así sucesivamente.

Los países más endeudados del Tercer Mundo (no del mundo, por cuanto el país mayor deudor del mundo es EE.UU.) en 1982 (año del inicio de la crisis de la deuda) eran México y Brasil, con cerca de 100.000 millones de dólares cada uno. Argentina, Venezuela, Chile, Colombia, Perú, Ecuador, Nicaragua, Bolivia, Costa Rica, Jamaica y Uruguay, seguían, por este orden, en América Latina.

Una deuda de tal magnitud representaba substanciales porcentajes del PNB de cada país: el 76 % del PNB en México, el 51 % en Argentina, el 66 % en Venezuela, el 120 % en Chile, el 90 % en Bolivia, el 198 % en Nicaragua, el 97 % en Costa Rica, el 147 % en Jamaica y porcentajes inferiores al 50 % pero superiores al

30 % en el resto de los países. Ello implicaba que la producción nacional estaba prácticamente hipotecada en toda América Latina.

Pero lo relevante no es el monto global de la deuda. Lo relevante es el servicio de la deuda, es decir, lo que anualmente se paga en concepto de intereses, otros costes y devolución del principal. Este servicio es el que representa una auténtica sangría financiera para los países deudores. La financiación del servicio de la deuda sólo puede hacerse mediante las divisas que obtiene el país fundamentalmente a través de sus exportaciones. Este porcentaje oscila entre el 64 % de Argentina en 1988 y el 12,9 % de Nicaragua, con cifras tan relevantes como el 51 % de México o el 41 % del Brasil.

La sangría financiera provocada por el servicio de la deuda ocasionó el descenso de las importaciones. Este fenómeno se vio agravado, además, por la caída en picado de la inversión extranjera, que sumada a una importante flujo de fuga de capitales hacia el exterior, configuran un cuadro de autentico desastre financiero. No obstante, los datos más recientes, de 1991, indican que la inversión extranjera privada vuelve a orientarse hacia América Latina y por vez primera desde hace 13 años muestra un signo positivo.

La situación antes descrita configura un cuadro de crisis generalizada, de dimensiones muy superiores y diferentes substancialmente de las que afectaron al Centro del Sistema en la década anterior. En América Latina se frenó el ritmo de crecimiento, que en algunos países pasó a ser negativo, cayó la inversión interior y extranjera, se produjo una desindustrialización acelerada y cayeron las importaciones. El esfuerzo exportador, muy alto en la década, estuvo prácticamente volcado a saldar el servicio de la deuda.

Todo ello descoyuntó las economías latinoamericanas. A nivel interior se desató la inflación, alcanzando cotas muy elevadas en países como Bolivia, Argentina, Uruguay, Brasil, México, Perú y Venezuela con crecimientos del índice de precios de más del 1.000 % anual. La cota máxima corresponde a Bolivia. Estos altos ritmos de crecimiento de la inflación imposibilitaron la restauración de los equilibrios indispensables para el funcionamiento de las golpeadas economías latinoamericanas.

El Fondo Monetario Internacional, y de acuerdo con él, el Gobierno norteamericano —plan Baker, plan Brady— propusieron e impusieron diversas medidas para frenar esa situación. Tal conjunto de medidas puede resumirse en una sola frase: *ajuste duro*.

El ajuste duro significa un conjunto de medidas que adecuen la economía a su nueva situación. Sus efectos han sido devastadores para amplias capas de la población latinoamericana.

Efectivamente, el ajuste duro se centra en dos elementos fundamentales: la *apertura exterior*, es decir, la abolición de medidas proteccionistas para permitir la entrada de productos extranjeros, con su secuela de cierre de fábricas y de incremento del paro y, en segundo lugar, el *descenso absoluto de los salarios reales*, acompañado de un masivo incremento de precios que intente equilibrar a un nuevo nivel —peor para la población— la oferta y la demanda.

La mejor medida de este proceso es el descenso del salario real. Entre 1975 y 1988, el salario real ha descendido en numerosos países: Argentina, Nicaragua, Rep. Dominicana, Guatemala, Jamaica, Panamá, Chile, Colombia y Ecuador. En el caso de Chile, el más extremo de este período, los salarios reales durante la dictadura de Pinochet descendieron al 40 % del nivel alcanzado en la época de Allende. Ya en la década de los 80, los salarios descendieron, además de en los países citados, en Bolivia, Uruguay, México, Haití y El Salvador. (No se dispone de datos para Brasil, Costa Rica, Honduras y Paraguay).

En definitiva, el impacto de la crisis ha dejado maltrechas a las economías latinoamericanas y ha afectado intensamente a su población trabajadora. Las medidas que se están adoptando en la actualidad, inspiradas por la denominada «Iniciativa de las Américas» encabezada por EE.UU., pretenden resolver la situación por la vía de la ampliación de los mercados nacionales y la mayor integración de los países de la región, en primer lugar con los propios EE.UU. y en segundo lugar entre ellos mismos.

Conclusión y perspectivas

Las causas estructurales que hacen a Latinoamérica parte de la Periferia y las causas coyunturales que han dado lugar a su declive en la última década obligan a un necesario cambio de rumbo. Este cambio ya parece haberse iniciado con la política renovada de los Estados Unidos hacia la región. Se trata de la llamada «Iniciativa de las Américas», cuyo objetivo, en síntesis, es doble: liberalizar la economía de cada país, abriéndola plenamente al mercado mundial y a la movilidad de capitales y mercancías y en segundo lugar, favorecer ciertas formas de integración económica regional, como es el caso del proceso de integración de México con EE.UU y Canadá (Tratado de Libre Comercio de Norteamérica) o de la formación de un Mercado Común en el Sur con Argentina, Brasil, Uruguay y Paraguay (MERCOSUR).

Por otra parte, iniciativas regionales como el «Pacto de Guadalajara» que tratan de reforzar los lazos con España y Portugal y a través de ellos con la Europa Comunitaria son experiencias de ámbito latinoamericano con vocación de apertura exterior.

Falta dejar que estos procesos maduren para poder juzgarlos, pero, a no ser que se produzcan verdaderos cambios estructurales, cabe pronosticar que América Latina seguirá perteneciendo a la Periferia y lo único que se modificará será la *forma* de inserción en el mercado y en la economía mundial.

VI. DIEZ TESIS SOBRE LA MUNDIALIZACION[1]

Introducción

El final de la guerra fría y el desmoronamiento del proceso de transición socialista en la Unión Soviética y otros países europeos ha provocado una cambio trascendente en el mundo: por primera vez en la Historia, *el capitalismo aparece como único modo de producción dominante a escala planetaria, sin rivales ni alternativas a corto plazo.* La pervivencia de sociedades «socialistas» como la china, la coreana del Norte o la vietnamita en Asia y la cubana en América Latina, representan únicamente el deseo voluntarista de resistir al desmoronamiento generalizado y, si nos atenemos al transcurso de los acontecimientos, tarde o temprano acabarán siendo absorbidas por el capitalismo mundial.

---

1 Este texto es un resumen y adaptación del capítulo titulado «Mundialización de la economía vs. Estado centralista» del libro colectivo *La Economía mundial después de la guerra fría*. Icaria editorial-Fuhem. Barcelona — Madrid, 1993. Fue presentado como ponencia en el III Encuentro Internacional Mundo laboral, sindicalismo y educación en los umbrales del nuevo siglo. IESA-SNTE. México D.F. (25, 26 y 27 de noviembre de 1993) y en el Seminario internacional de desenvolvimento social organizado por la Cátedra UNESCO de Desenvolvimento Duravel de la Universidade Federal de Río de Janeiro, como preparación de la United Nations World Summit on Social Development que se celebró en Copenhague (26 de noviembre a 3 de diciembre de 1994) en Río de Janeiro. Brasil. Ha sido publicado en inglés con el título de «Ten Theses on Globalization» en el libro *Social Development: challenges and strategies*. Ed. Unesco Chair on Sustainable Development. UFRJ/ECOS. Río de Janeiro, Brasil, febrero 1995.

Esta situación no implica que el capitalismo «haya triunfado» ni que sea el mejor sistema económico, político y social posible. Muy por el contrario, el capitalismo demuestra hasta la saciedad con los hechos que fracasa estrepitosamente cuando se trata de asegurar el bienestar e, incluso, la simple supervivencia del *conjunto de la humanidad*. Más de mil millones de personas viven por debajo del umbral de la pobreza, según datos de organismos internacionales como el PNUD o el Banco Mundial. Y más de tres mil quinientos o cuatro mil millones viven en situación de pobreza y subdesarrollo. Se argumenta, por otra parte, que es imposible la generalización del patrón de desarrollo de los países más ricos al conjunto del mundo, por cuanto tal desarrollo *no sería sostenible* materialmente, dados sus efectos sobre los recursos no renovables y su carácter destructivo del medio ambiente. Tal situación, por consiguiente, en términos humanos globales, significa la realidad de un fracaso del capitalismo a nivel general.

Ahora bien, la ideología, e incluso la teoría económica desarrolladas en la última década, ponen de manifiesto únicamente una parte de esta realidad: el éxito del capitalismo para desarrollar a algunos países, básicamente los denominados «países industrializados», eufemismo que designa a aquellos países en los cuales el capitalismo se desarrolló autónomamente y que fueron en su momento potencias colonialistas e imperialistas. En otra terminología, los países del Centro del sistema.

En su afán de autoelogio, en su absoluta seguridad ante el fin del modelo alternativo soviético, los teóricos del capitalismo han elegido el enfoque parcial, basado solo en la experiencia de los países más desarrollados y han abandonado el enfoque global, holístico, estructural. Junto a la campaña de desprestigio contra el marxismo como método de análisis de la realidad, han caído también otros enfoques no marxistas tales como la teoría de la dependencia y el estructuralismo, cuyo desarrollo en América Latina en las décadas de los 60 y principios de los 70 significó un intento de analizar los problemas de la economía mundial desde un punto de vista global y no parcial, como pretendía la teoría económica convencional. Enfoques como los de Prebisch, Cardoso, Faletto, Sunkel, Dos Santos, Marini, Gunder Frank, Laclau y otros en América Latina, o Samir Amin, Arrighi, o Emmanuel Wallerstein en Africa y Europa han sido abandonados, desprestigiados y abolidos del interés de la «ciencia económica convencional»; no tan solo los métodos, los análisis y sus conclusiones, sino incluso *la temática*.

Este fenómeno no ha afectado únicamente a los pensadores estructuralistas, sean marxistas o no. También en el campo de la ciencia económica convencional ha desaparecido prácticamente un enfoque globalizador, lo cual se manifiesta en la escasa, por no decir nula, presencia de autores que sigan la senda de los creadores de la *Teoría del Desarrollo*, tales como Myrdal, Nurkse, Lewis, Hirschman, Streeten, Singer, Seers o Chenery. Este abandono es un efecto más de la prepotencia neoclásica, que continúa entendiendo que los modelos válidos para los países desarrollados, son modelos *universalmente válidos*, olvidando por tanto la especificidad de las condiciones económicas de los países subdesarrollados y dependientes, es decir, *olvidando un enfoque global que permita explicar la evolución y la situación general de la economía mundial*. Estas carencias dan lugar a una incapacidad para explicar los fenómenos reales de la economía de nuestros días. Autores como Thurow o Krugman entre los anglosajones y algunos continuadores de los regulacionistas franceses intentan abordar esta problemática desde un punto de vista global, pero sin un cuerpo teórico que dé coherencia interna a su discurso. Lo que hoy predomina son modelos de corte neoclásico que, en el terreno internacional, tratan de explicar el comercio entre países, la movilidad de capitales, la integración económica y sus beneficios o perjuicios, el funcionamiento financiero y monetario, etc. Falta, sin embargo, un esfuerzo por recuperar el enfoque holístico, globalizador, que utilizó el pensamiento estructuralista.

Y ello ocurre precisamente cuando la *globalización*, la *interdependencia*, en suma, la *mundialización*, son los fenómenos que caracterizan con mayor vigor a nuestra época. Por este motivo me parece más acuciante que nunca la necesidad de abandonar el terreno del análisis parcial y enlazar de nuevo con los análisis globales de hace dos décadas, recogiendo su herencia, superándola y utilizando su enfoque para el análisis de la realidad actual.

Quisiera en este texto enumerar brevemente algunas de las distintas problemáticas que se presentan ante los investigadores de finales del siglo XX, que resumo en las *diez tesis* que se exponen a continuación.

1. La mundializacion es la culminación del proceso histórico de expansión del capitalismo y el efecto de sus propias leyes económicas.

La globalización económica, tal como se designa hoy a la creciente interdependencia económica entre diferentes Estados, es la expresión de un fenómeno de mayor alcance que la simple interconexión *entre Estados*. En mi opinión representa *la culminación a escala planetaria del proceso de expansión capitalista.*

Este proceso se inició hará poco más de dos siglos con la creación de los primeros *mercados locales* de empresas capitalistas en algunas ciudades europeas. El crecimiento de la producción y el aguijón de la competencia originaron un segundo proceso, de enorme trascendencia, que fue la constitución de los *mercados interiores* de cada Estado, nacional o no, que protegía a sus empresas frente al exterior y, en teoría, garantizaba en su interior la libre movilidad de mercancías, capitales y personas sin ningún tipo de trabas.

La consolidación de los mercados interiores y sus correspondientes Estados centrales dio un gran impulso al desarrollo capitalista y lo caracterizó hasta prácticamente nuestros días, en que aún continúa presente el mercado interior como terreno en el que se libra la competencia entre empresas nacionales y... «extranjeras».

La protección de los mercados interiores significó la creación de una base segura y sólida para el desarrollo del capitalismo *nacional* en las principales potencias económicas de Europa, América y Japón, primero en su fase competitiva y, a finales del siglo XIX, en su fase monopolista.

Paralelamente a la consolidación de tales mercados interiores se desarrolló un importante proceso de expansión «exterior» del capitalismo. Es decir, los capitales de las potencias capitalistas europeas necesitaban rentabilizarse fuera de sus fronteras. Surge así el *imperialismo* y la primera gran ola de expansión capitalista a nivel mundial. Sin embargo, *el imperialismo no mundializa el capitalismo*, no crea un mercado mundial ni un único terreno para el desarrollo de la competencia entre capitalistas. Por el contrario, el imperialismo crea cotos cerrados coloniales de cada potencia y exacerba la rivalidad entre potencias, dando lugar al estallido de dos guerras mundiales.

El imperialismo tiene dos efectos fundamentales en la creación de las bases de la mundialización:

— destrucción de las economías de los países colonizados e implantación en ellos de economías dependientes de la metrópoli, distorsionadas hacia la especialización productiva (monocultivo o monoproducción) y orientadas hacia la exportación

— como resultado de esa destrucción y de la inserción de los pueblos colonizados en la esfera de influencia capitalista, se crea un *Sistema Capitalista Mundial*, en el cual las estructuras económico-sociales de los países colonizadores —Centro del Sistema— se imponen sobre las estructuras económico-sociales de los países colonizados —Periferia del Sistema.

El fortalecimiento de los Estados capitalistas del Centro del Sistema y su rivalidad por el control cada vez mayor de territorios en el resto del mundo caracterizó la historia de la humanidad hasta, al menos, el final de la 2.ª guerra mundial. A partir de ella, surge una nueva manera de entender el dominio exterior: el llamado *neo-imperialismo*, que combina la dependencia económica con la independencia y soberanía política de los pueblos ex-colonizados. Surge así el Sistema en su más estricta substancia económica. La «interdependencia» entre Centro y Periferia es básicamente dependencia de la Periferia con respecto al Centro. Pero lo más trascendente es el intento de generalización de la apertura comercial y financiera de unos países del Centro con respecto a otros.

En esta nueva fase, el capital, cuya expansión continúa siendo imprescindible, comienza a chocar en su necesario camino hacia el crecimiento, con las trabas impuestas por los propios Estados «nacionales». Se trata de liberar el comercio internacional, de abolir al máximo las trabas al libre movimiento de capitales y, en suma, de crear las condiciones para la formación de un *mercado mundial* único, en cuyo seno se desarrollen sin obstáculos la competencia y la confrontación entre las diferentes empresas productivas y fracciones del capital. Ese largo proceso es el que hoy día está en curso y se enfrenta a la resistencia pertinaz de los Estados centrales surgidos en etapas anteriores del desarrollo capitalista y que respondían por tanto a otras necesidades históricas. Esa es la contradicción más importante de nuestra época para la evolución del capitalismo: la *contradicción entre mundialización de la economía y la persistencia de los Estados centrales*.

A nivel teórico, este proceso implica la culminación de la internacionalización del ciclo completo del capital, en sus tres aspectos:

— *Internacionalización del capital—mercancía*, favorecida por el desarrollo del comercio internacional y sobre todo, por la creación de las bases para la formación de un auténtico *mercado mundial*.

— *Internacionalización del capital-dinero*, cuya consolidación se produce merced a la libre movilidad internacional de los capitales, impulsada por la inversión extranjera, la acción de las empresas multinacionales, los préstamos y créditos internacionales y, en última instancia, por la vigencia casi universal de un sistema monetario que determina la economía «interior» de cada país.

— Por último, *internacionalización del capital productivo*, que da lugar a la segmentación de la producción en varios países, con el objeto de maximizar beneficios y minimizar costes y que ha sido posible gracias a la existencia de una base material —productiva, de transportes y comunicaciones, tecnológica— que lo permite.

Estos tres procesos son, en un nivel superior, semejantes a los que se produjeron en el interior de los principales países capitalistas desarrollados en el período de formación de sus mercados interiores y su constitución como modernos Estados-nación. En aquel período se tuvo que luchar contra las trabas y cortapisas de origen feudal o mercantilista que se oponían a la libre expansión del capital. Hoy, a nivel mundial, el capital tiene que luchar contra las trabas y cortapisas que los Estados centrales oponen a su libre expansión. En esta confrontación confusa, entre una tendencia de fondo necesaria para la expansión del capital y otra tendencia de fondo que intenta sostener la soberanía de los Estados centrales, se desarrolla el proceso de mundialización, con dificultades inmensas que inexorablemente tendrá que superar, abatiendo los obstáculos que representan las fronteras nacionales para su expansión.

Ello plantea un problema adicional: ¿es posible la aparición de un Estado supra-nacional, incluso de un Estado mundial?. Este es un tema crucial que no está siendo debidamente observado y estudiado y que, sin embargo, es el verdadero *quid* de la situación actual.

Paralelamente a este proceso de fondo, existe otro, más aparente. Se trata del ciclo capitalista. Durante el siglo XX, el ciclo del desarrollo capitalista ha atravesado por sus cuatro fases (recuperación, auge, crisis y depresión) al menos en dos ocasiones:

— crisis y depresión hasta el fin de la primera guerra mundial

— recuperación y auge hasta 1929

— crisis y depresión entre 1929 y el fin de la 2.ª guerra mundial

— recuperación y auge entre 1947 y 1967-73

— crisis y depresión entre 1967-73 y nuestros días.

Son dos las principales manifestaciones del ciclo en el siglo XX que lo diferencian de los ciclos del siglo anterior:

— *Aumento de su duración*. Los ciclos de plazo medio solían durar entre 7 y 10 años. En la situación de consolidación del capitalismo monopolista y de intervención cada vez mayor del Estado en la economía de cada país, la onda del ciclo medio se ha hecho más larga. Ello quiere decir que auges y depresiones tienen mayor duración.

— *Generalización mundial del ciclo*. A diferencia de las crisis nacionales del siglo XIX, en nuestro siglo la crisis se difunde internacionalmente y afecta al conjunto del Sistema capitalista mundial. Aunque no al mismo tiempo, ni con la misma intensidad, el carácter cada vez más global de la economía (mundialización) ha dado lugar a que la crisis en un país influya en la economía de otros, hasta generalizarse en el conjunto del sistema. Otro tanto ocurre con los auges.

A los efectos del ciclo económico de medio plazo, cabe añadir los efectos sobre la actividad económica del ciclo de corto plazo, con su serie de recesiones y alzas de tipo coyuntural.

Son, pues, tres los procesos que se superponen en la economía mundial de nuestros días: la mundialización de la economía, el ciclo medio, hoy en fase de crisis y depresión, y el ciclo corto. Voy a referirme a continuación básicamente a la problemática del primer proceso, el de la mundialización del capital.

2. Existe la base técnico-material para la mundialización

El proceso de mundialización económica se asienta sobre bases estructurales: mundialización de la propiedad, del proceso productivo, de la división del trabajo, de la salarización, etc. Pero ello no basta. Es preciso también que se produzcan los pertinentes cambios en la superestructura del sistema, en los Estados sobre todo; asimismo, es necesario que exista un soporte físico, material, sobre el cual desarrollarse. Es decir, hace falta que exista la infraestructura que permita la mundialización.

Esta infraestructura ya existe. *La tecnología moderna es el soporte del proceso de mundialización* y sin ella no sería posible. Las características más destacadas de esta tecnología son las siguientes:

— Producción en masa a ritmos cada vez más acelerados.

— Segmentación de procesos productivos, lo cual permite su internacionalización.

— Control de los procesos a distancia: producción, compras, ventas, financiación, etc.

— Rapidez y eficiencia en el transporte de grandes masas y volúmenes de mercancías.

— Homogeneización de productos, de hábitos de consumo, de sistemas de ventas, de sistemas de financiación, etc.

Este conjunto de capacidades y posibilidades caracteriza el actual grado de desarrollo de las fuerzas productivas cuyo rasgo principal es que se ha vencido, económicamente hablando, la resistencia que la distancia oponía a la generalización de los procesos económicos capitalistas. La homogeneización de hábitos de consumo, la estandarización de la producción industrial, la creciente similitud en la forma de cultivo de la tierra (con uso creciente de productos industriales: abonos, pesticidas, etc.), favorecen la mundialización.

Otro aspecto de la moderna tecnología es el importante *incremento de productividad*. La utilización de la robótica, la informática y la automatización ha permitido elevar considerablemente la productividad del trabajo y da lugar a profundos cambios en la organización de la producción, lo cual permite, entre otras cosas, la segmentación del proceso productivo y su realización en lugares distantes.

Ello permite aprovechar las *ventajas comparativas* de las diferentes posibles localizaciones para las actividades empresariales: bajos salarios, proximidad de las materias primas, legislación favorable (zonas francas), etc. Por consiguiente, existen las condiciones materiales que permiten producir en gran escala en uno o varios países y vender en otros.

Al propio tiempo, los modernos sistemas de transportes y comunicaciones permiten el control a distancia rápido y eficaz, tanto de los procesos productivos, como de la comercialización. En nuestros días, las decisiones de producción, de compra, de venta, etc. no se adoptan en el ámbito de un Estado «nacional» sino que abarcan el conjunto del mundo. La competencia interempresarial no se dilucida ya en el mercado interior sino, cada vez más, en el mercado mundial. La tecnología se homogeneiza y permite buscar factores que minimicen costes. A igual tecnología, es más rentable producir, por ejemplo, en países con bajos costes salariales. Ello da lugar a que mercancías producidas por ejemplo en Corea del Sur, Taiwan o la India, a igual tecnología y calidad, sean más baratas en los mercados de Europa o EE.UU. que las producidas en los propios Estados Unidos o Europa. Por consiguiente, la tecnología actual está en condiciones de ser un eficaz soporte de la mundialización económica.

3. El modelo de industrialización sobre el que se asienta la mundialización económica tiene efectos perversos: la destrucción del medio ambiente y el agotamiento de los recursos no renovables

Una de las manifestaciones no deseadas del proceso de mundialización económica es la generalización de la destrucción del medio ambiente que trae consigo el modelo energético y de industrialización propio del capitalismo. Tales efectos desbordan ampliamente el marco de las fronteras nacionales y dañan el equilibrio ecológico del conjunto del planeta. Actividades industriales, o de transportes, o de servicios, o de consumo (automóviles, refrigeración, calefacción, etc.), dañan el medio ambiente sin respetar las fronteras.

Asimismo, la utilización masiva de recursos naturales no renovables crea problemas serios para la generalización del modelo a todos los países del mundo y abre serias dudas sobre su posible mantenimiento en el futuro. De ahí que la reciente Conferencia de Río se haya planteado, a nivel mundial, la necesidad de optar por un *desarrollo sostenible* que condena implícitamente a la mayor parte de los países del mundo —a la Periferia del Sistema— a no entrar en el concierto de las naciones industrializadas, al menos siguiendo el modelo hasta hoy imperante.

Esta recomendación no deja de ser, como tantas otras, ilusoria. El desarrollo del capitalismo continuará tal y como ha venido produciéndose hasta hoy y extenderá su modelo de industrialización a todos aquellos lugares en que resulte rentable, sin importar si deteriora o no el medio ambiente. Lo cual permite prever colapsos ecológicos ciertos en un futuro no muy lejano, a no ser que la ciencia y la técnica modifiquen substancialmente los patrones de conducta y de producción hasta hoy utilizados.

Pero lo que cabe resaltar en este momento son *los efectos generales del deterioro del medio ambiente* que no afectan a un país u otro sino al conjunto del mundo. Una seña más de que la problemática actual ha dejado de ser nacional y empieza a ser mundial.

4. Las empresas multinacionales son el agente activo del proceso de mundialización económica

Las *empresas multinacionales* son la expresión concreta del proceso de mundialización y como tales son el agente activo del proceso. La acción de dichas empresas da lugar a importantes modificaciones de tipo estructural en el funcionamiento del capitalismo, que afectan a sus leyes más básicas, tales como las siguientes:

— Generalización de la *propiedad internacional* de las empresas, de tal manera que la propiedad sobre los medios de producción deja de ser exclusivamente de capitalistas de un mismo origen nacional y se funde en un solo CAPITAL, en el cual el origen nacional de sus propietarios pierde sentido.

— *La rentabilización del capital se produce de forma extranacional.* El cálculo económico de las empresas multinacionales no se limita al marco de un solo Estado: su campo de actuación es el conjunto del mundo capitalista.

— Se produce la *valorización mundial del capital*, lo cual implica que el Tiempo de Trabajo Socialmente Necesario (TTSN) que regula el valor de las mercancías se establece a nivel mundial, no nacional. Efectivamente, la *competitividad* o no de una empresa ya no depende únicamente de las condiciones de producción en el país en el cual desarrolla su actividad, sino que se establece en comparación con otras empresas de ámbito mundial. Es decir, en ausencia de barreras proteccionistas, una empresa «nacional» cuyo Tiempo de Trabajo Individual fuera superior al TTSN mundial sucumbiría ante la competencia de otras empresas no «nacionales».

— El resultado es que los *precios de producción* y los *precios de mercado* ya no se regulan únicamente en función de las condiciones «nacionales» que enmarcan los procesos productivos sino con referencia a las condiciones mundiales de dicha producción. Sin la existencia de barreras proteccionistas, una empresa cuyo coste de producción sea mayor que el de sus competidoras a nivel mundial, simplemente no podría existir.

— En el ámbito de la dirección de las empresas se produce

también una modificación substancial: la *toma de decisiones se efectúa sobre un ámbito mundial, no nacional.* El objetivo es maximizar los beneficios de la empresa y, por ende, las decisiones de producción, de utilización de una u otra tecnología, de uno u otro proceso productivo, incluso de reparto de beneficios, se fundamentan en las necesidades y en los resultados de la empresa a nivel mundial y no en un solo Estado. Ello da lugar a que una empresa multinacional esté en condiciones de cerrar una planta en un país para ubicarla de nuevo en otro si las condiciones de rentabilidad global así lo aconsejan, *prescindiendo de los intereses «nacionales» del Estado en cuestión.* El capital no tiene patria.

— Por consiguiente, las empresas multinacionales adoptan decisiones de *localización óptima mundial, no nacional.* La estrategia de localización óptima de plantas productivas prescinde del carácter nacional del origen del capital y se despliega sobre todo el mundo y dependen exclusivamente de los intereses globales de la empresa multinacional prescindiendo de los intereses «nacionales» de los países donde se abren, o se cierran, sus instalaciones productivas, lo cual pone claramente de manifiesto la independencia y autonomía de decisión de las empresas multinacionales con respecto a los diferentes Estados.

La acción de las empresas nacionales desborda el marco de los Estados «nacionales», que se muestran incapaces de controlar su actividad. Ahora bien, dado el importante peso específico de las empresas multinacionales en la actividad económica «nacional» de muchos Estados (podría decirse de todos los Estados), surge a la luz el papel subordinado y frágil de los Estados ante las decisiones *legítimas* de las empresas multinacionales que actúan en su territorio. De las decisiones que adopten éstas depende la situación económica y la evolución futura de su «economía nacional».

5. El mercado mundial aún no existe plenamente: en la actualidad se asiste a un proceso de transición desde el comercio internacional a la formación de un auténtico mercado mundial

Uno de los requisitos básicos para la existencia de una economía capitalista plena (ya sea nacional, ya sea mundial) es la libertad de movimiento de capitales, fuerza de trabajo y mercancías. Estas tres características se cumplen plenamente en el marco de los Estados «nacionales», pero se encuentran altamente obstaculizadas a nivel mundial, precisamente a causa de la existencia de dichos Estados «nacionales». Una de las principales trabas es la que se impone a la libre circulación de mercancías.

Una de las características *sine qua non* de la mundialización económica es la existencia plena de un *mercado mundial*. El comercio y la competencia internacionales representan la forma en que se inicia la formación del mercado mundial. En un primer momento este proceso afectó únicamente a algunas mercancías: los llamados «productos primarios», mercancías de exportación básicamente con origen en los países periféricos (minerales, petróleo y gas natural, frutas, productos agrarios). Tales mercancías se rigen en su comercialización mundial por la existencia de *precios mundiales* (no necesariamente determinados por los precios de producción internos de cada uno de los países productores), y tiene que ser la producción interior la que se adecue a dichos precios para poder competir en el mercado mundial. En la actualidad, merced a la progresiva liberalización del comercio internacional patrocinada por el GATT, estas condiciones alcanzan ya a productos industriales e incluso a servicios.

Este proceso tiene que ver con la modificación del ámbito en el que se desarrolla la competencia. La competencia es la forma específica que adoptan las relaciones entre los diferentes capitalistas. Se produce en el mercado, entendido éste como el lugar en el cual las mercancías se confrontan entre sí para obtener comprador. De ahí que, tradicionalmente, la competencia haya adoptado la forma de competencia en precios y calidades. Desde fines del siglo pasado, el ámbito natural de la competencia es el *mercado nacional*.

Fuera de sus límites se produce la llamada competencia internacional, que de hecho NO ES competencia entre naciones sino competencia entre empresas situadas en diferentes Estados.

El comercio internacional es, como todo comercio, interempresarial. A falta de una regulación mundial de cada uno de los diferentes mercados, los precios de las mercancías «extranjeras» que pretenden competir en cada uno de los mercados «interiores» sufren una considerable distorsión. Sus precios obedecen a los precios de producción del país en el que han sido producidas, más la distorsión correspondiente a la barrera arancelaria del país en el que pretenden venderse (más coste de transporte y seguros). Por tanto, no es propiamente una competencia del mismo tipo que la que se desarrolla en el marco del mercado interior.

En virtud de estas características, esta competencia aparece más como competencia internacional que como competencia interempresarial, debido al importante papel que juegan los Estados tanto en la formación del precio de producción interior como en el establecimiento de políticas comerciales exteriores: barreras arancelarias, subvenciones y otros instrumentos de protección frente a la competencia «exterior».

No se trata de un *mercado mundial* en sentido estricto sino de comercio exterior de empresas de base nacional diferenciada. Por consiguiente, la *libre competencia* plena no existe aún en este marco. Ello permite la subsistencia de numerosas empresas no competitivas a nivel mundial, protegidas celosamente por las barreras arancelarias y otros sistemas de protección de sus respectivos Estados. Pero esta actitud va abiertamente en contra de los intereses del CAPITAL, en general, sobre todo del capital cuya expansión produce la mundialización. La protección puede favorecer a fracciones del capital «nacional», obsoletas o poco competitivas, pero perjudica a otras fracciones del capital, no necesariamente «nacionales», cuya expansión requiere la eliminación de esos obstáculos a la libre movilidad de las mercancías.

Por ello, a pesar de ser una tendencia vigorosa e inexorable, *el mercado mundial como lugar en el que se efectúa la competencia entre empresas mundiales* se encuentra aún en sus inicios. Hoy todavía se confunde el comercio *entre empresas* con el comercio *entre naciones* y se habla de comercio internacional aunque sea en realidad comercio interempresarial o, incluso, intraempresarial (entre unidades de una misma empresa multinacional ubicadas en países diferentes).

El mercado mundial sólo podrá expansionarse plenamente cuando esté absolutamente libre de trabas, es decir, cuando no exista ningún obstáculo superestructural al libre movimiento de las mercancías. Sólo entonces podrá hablarse con rigor de mercado mundial. En la actualidad se asiste a una *transición* entre la situación anterior en la que predominaba el comercio internacional y la futura en la que existirá únicamente el comercio interempresarial a nivel mundial.

6. La mundialización requiere la libre movilidad del capital a escala mundial. Este es uno de los aspectos en los cuales el proceso está más avanzado

La libre movilidad de capitales es otro de los requisitos básicos para el funcionamiento pleno de la economía capitalista. En un mundo organizado sobre la base de la plena soberanía de cada Estado «nacional» en su territorio, han existido y existen fuertes trabas a esta libre movilidad del capital. Sin embargo, de las diversas condiciones que exige la mundialización (libre movimiento de mercancías, de fuerza de trabajo, etc.), ésta es la que está más avanzada.

La primera forma que adoptó la movilidad internacional de capitales fue la *inversión extranjera*, ampliamente desarrollada en la época del imperialismo y subsistente hasta nuestros días. Sin embargo, no era propiamente la «libre movilidad de capitales», puesto que estaba sometida a la legislación diferencial tanto del país de origen como del país de destino.

De aquí que una de las exigencias más relevantes de las empresas multinacionales, de la gran banca internacional y de todos los agentes económicos cuyo ámbito de actuación es mundial, sea la libre movilidad del capital, tanto para su inversión, como para la repatriación de beneficios.

En la actualidad existen ya ciertas formas de *financiación mundial*. Las empresas multinacionales pueden acudir a la financiación de Bancos de su propio país de origen, pero también de los Bancos del país de destino o incluso de países terceros. No existe límite para esta actividad. La movilidad del capital a este respecto está alcanzando su máximo desarrollo, aún no pleno por la existencia de condiciones diferentes en cada Estado (legislación, tipo de cambio,...), pero cada vez más próximo a la situación de libre movilidad de capital.

Otro aspecto de la financiación internacional en trance de mundializarse es la participación de capitales de distintos orígenes nacionales en la propiedad de las empresas de ámbito mundial, lo cual mundializa no sólo la explotación, sino la *propiedad y la percepción de beneficios*. Es corriente la práctica de crear sociedades anónimas *ad hoc* en los países de destino de una inversión, en cuyo capital social intervienen capitalistas, Bancos e incluso el propio Estado del país receptor de la inversión.

Un tercer aspecto de gran relevancia es la amplia interconexión entre las distintas monedas «nacionales», cuya cotización, tras el fracaso del sistema monetario internacional establecido en Bretton Woods, se efectúa libremente en el «mercado mundial» de divisas. Ello implica la existencia de la libre convertibilidad de las distintas monedas, de la flotación en la paridad de cada moneda con respecto a las restantes, que se establece en función de la acción del mercado cambiario y que, por tanto, escapa en numerosas ocasiones al control del Estado «nacional» que las acuña. En los casos más extremos, numerosos países se adscriben subsidiariamente a la influencia de una «moneda fuerte» y se produce la «dolarización» u otros procesos semejantes que dan lugar a la aparición de «zona del dólar», «zona del yen», «zona del franco, del marco, de la libra,», etc. En suma, a nivel monetario comienza también a prefigurarse la aparición necesaria en el futuro de una *moneda mundial* única, objetivo ciertamente lejano pero que ya se apunta en el horizonte.

Un cuarto aspecto de la financiación internacional es la intervención cada vez más activa de Bancos e Instituciones internacionales en la financiación de actividades privadas, o incluso de los Estados, de numerosos países del mundo. Esta fuerte intervención internacional en la financiación interna de numerosos países es la que originó, entre otras causas, la crisis de la deuda de la década de los 80.

El quinto aspecto relevante es la fuerte interconexión entre las diferentes Bolsas de Valores del mundo. Las oscilaciones en las cotizaciones en una Bolsa tienen repercusión inmediata en las restantes. Sin ser un mercado unificado de valores, si se están sentando las bases para que lo sea en un futuro no muy lejano.

Y, por último, cabe señalar la importancia creciente de la *cooperación internacional* y de la *ayuda oficial al desarrollo* como mecanismo de financiación de numerosos Estados de la Periferia. Se trata en este caso de transferencias de capitales cuyo principal objetivo es evitar la bancarrota de Estados «nacionales» periféricos que por sí solos son incapaces de mantenerse (a los Estados, no a los pueblos). Es una especie de impuesto que los países de mayor desarrollo económico pagan por el mantenimiento de Estados que garanticen la estabilidad del sistema mundial en su actual estructura basada precisamente en la existencia de Estados «nacionales». Y es, además, una forma más de dependencia económica y de mundialización del capital, en este caso, público.

7. La mundialización requiere la libre movilidad de la fuerza de trabajo a escala mundial. Este es uno de los aspectos en los cuales el proceso está más atrasado

Actualmente se avanza hacia la consecución de una libertad de movimiento cada vez mayor para el capital a nivel mundial, potenciada por una aceleración de la centralización del capital que supera con claridad las fronteras nacionales. Al mismo tiempo se produce otro proceso, a nivel «nacional», pero curiosamente al unísono en la mayoría de los países: se potencia la libertad de despido y la flexibilización del mercado laboral. Es decir, se trata de obtener la máxima libertad para el capital, la utilización óptima de la fuerza de trabajo para sus intereses. Significa, en cierta forma, el fin del Estado del Bienestar de posguerra y el inicio de un proceso de desregulación.

Ahora bien, mientras que el capital alcanza cotas cada vez más altas de movilidad internacional, la fuerza de trabajo continúa rígidamente fijada en sus lugares de origen. Para evitar la libre movilidad de la fuerza de trabajo, que significaría un inmenso movimiento migratorio Sur-Norte, los Estados del Centro acuden a medidas legislativo-represivas. Es el Estado el que frena y persigue legalmente la emigración en sentido Sur-Norte, lo cual representa una clara distorsión al principio de libre movilidad de los factores (por supuesto, algunos autores neoclásicos han teorizado la no necesidad de esta libertad de movimiento de los trabajadores).

Como resultado de esta rigidez, que impide el libre movimiento internacional de la fuerza de trabajo, conviene citar dos grandes tendencias:

— Incremento de la *desigualdad internacional de salarios*, creciente a nivel mundial y, por consiguiente, el mantenimiento en el sistema de las condiciones que permiten el intercambio desigual.

— Igualación internacional de la tasa media de ganancia, que indica que la competencia entre los diferentes capitales se desarrolla en el plano mundial y no en el nacional.

En resumen, existe una profunda tendencia que impulsa hacia la consecución plena de la libre movilidad del capital. Todo lo contrario de lo que ocurre con respecto a la *libre movilidad de la fuerza de trabajo*, en cuyo caso existe un clarísimo doble lenguaje que, por una parte, insta a conseguir la liberalización a ultranza para contratar y despedir trabajadores pero, por otra, frena y reglamenta estrictamente la emigración de trabajadores de la Periferia del sistema hacia el Centro.

Los movimientos migratorios en sentido Sur-Norte (o Periferia-Centro) son efecto de la enorme desigualdad existente en la distribución de la riqueza, así como de la falta de oportunidades de trabajo dentro del circuito capitalista en los países periféricos. Sin embargo, la moderna tecnología, que permite considerables aumentos de la producción por la vía del crecimiento de la productividad, y que por tanto no necesita abundantes contingentes de mano de obra, impide la fácil absorción de los inmigrantes y da lugar a una abierta —y legal— política de rechazo a la inmigración.

Existe una contradicción entre el incremento de productividad, la disminución del empleo y el consumo de masas: más producción, más consumo y menos empleo es un trío inestable. Para consumir lo producido hay que tener con qué pagarlo y si las actividades productivas tienden a expulsar trabajadores para incrementar su productividad, estos sólo pueden ser consumidores si trabajan en el sector servicios o si viven de subsidios del Estado. Esta contradicción se agrava en los países periféricos, donde ni los servicios ni el Estado pueden asumir estos «excedentes de población». Como resultado se produce una fuerte presión a la emigración en los países periféricos y un incremento notable de la marginalidad en los países centrales.

Ambos fenómenos unidos dan lugar a dos consecuencias:

— Emigración masiva de los pueblos periféricos en búsqueda de mejores condiciones de vida, aunque sea en los empleos peor pagados y precarios de los países capitalistas desarrollados.

— Freno a la inmigración, mediante restricciones legales. Pero al propio tiempo, surgimiento del racismo y la xenofobia en amplias capas populares de los países centrales que ven peligrar sus condiciones de vida y de trabajo y asocian este peligro a la competencia de los inmigrantes.

Se manifiesta por tanto una situación contradictoria que, por una parte, libera la movilidad de los capitales e internacionaliza la producción y la extracción de beneficios pero, por otra, impide la libre movilidad de los trabajadores y, por tanto, consolida las diferencias salariales y de nivel de vida entre los habitantes de los países del Centro y los de la Periferia. Esta contradicción es uno de los frenos principales al proceso de mundialización económica hoy día en curso.

8. El proceso de mundialización aumenta la polarización entre ricos y pobres y profundiza el desarrollo desigual

Desde el final de la 2.ª guerra mundial y, más concretamente, desde la culminación de la descolonización de los antiguos imperios europeos, la estructura del Sistema Capitalista se ha caracterizado por un profunda desigualdad. La riqueza se polarizaba hacia los países del Centro mientras que la pobreza se polarizaba hacia los de la Periferia.

Numerosos autores, incluso instituciones internacionales como la ONU, pensaban que se trataba de una situación provisional y que el *desarrollo* llegaría a los países recién descolonizados. Incluso se les bautizó como *países en vías de desarrollo*. Desde entonces y hasta nuestros días tales países «en vías de desarrollo» siguen sin desarrollarse. Ninguno de ellos lo ha conseguido e incluso los que más han avanzado en el sentido del desarrollo capitalista (Corea del Sur, Taiwan), continúan perteneciendo a la Periferia del sistema.

En vez del desarrollo económico previsto, lo que realmente ha acontecido es que se ha incrementado la polaridad y la distancia económica entre países del Centro y países de la Periferia, como lo reconoce el propio Banco Mundial en su Informe sobre el Desarrollo Mundial de 1990, monográfico sobre la pobreza. Los ricos son cada vez más ricos y los pobres más pobres.

Pero incluso a esta dicotomía le está afectando el proceso de mundialización económica. La difusión de actividades capitalistas «punta» en los sectores productivos (agrario, industrial) y en los servicios, está alcanzando a regiones y sectores enclavados en los países de la Periferia. La actividad económica, el modelo de acumulación de capital, la tecnología, la obtención de beneficios y, en definitiva, la producción de riqueza empieza a producirse en lugares como Sao Paulo o Río de Janeiro, en México, en Buenos Aires, en Nueva Delhi, en Kuala Lumpur, en El Cairo, en Yakarta o en Bangkok. Es decir, las actividades empresariales de las multinacionales —incluso de algunas empresas «nacionales»— que actúan en dichos territorios no son diferentes de las que se desarrollan en Estados Unidos, Japón o Europa. Lo cual no implica que se desarrolle *el país*, que continúa sumido en una economía dual, altamente polarizada internamente y con capas crecientes de la población marginalizadas.

Lo que está en cuestión es el propio concepto de país. Las actividades económicas «modernas» que se llevan a cabo en los países periféricos se conectan a la red internacional de actividades económicas por múltiples caminos: tecnología, comercio, finanzas, etc. y crean núcleos de actividad y población semejantes a los existentes en los países centrales. Pero el resto de la población —el *país*— permanece al margen de ese proceso. Paralelamente, en los países del Centro, merced a las políticas de desregulación y al imperio del liberalismo económico, son cada vez más los sectores de la población que permanecen *fuera* del circuito capitalista moderno y que, por tanto, se marginalizan. La eliminación del Estado del Bienestar tiende a polarizar, también en los países del Centro, la distribución de la riqueza y favorece el incremento del número de pobres que, en EE.UU., superan ya los 20 millones.

Aparentemente, la mundialización está rompiendo la estructura del Sistema capitalista mundial, rígidamente organizada en torno a la existencia de *países* (de Estados «nacionales»), considerados, como todos, orgánicos y estructurales y donde tienen la misma consideración países como la India, Indonesia, Brasil o Pakistán, que Vanuatu, Andorra, Kuwait, Qatar o Trinidad y Tobago. Esta unidad se está rompiendo y el mundo del futuro tiende más a la forma de una estructura Centro-Periferia a nivel mundial, prescindiendo de los *países*, que a la actual forma, estructurada en torno a la existencia de dichos países independientes y soberanos.

Esto implica que seguirá existiendo el Centro y la Periferia, como modelos contrapuestos de acumulación, uno autocentrado, dinámico y dominante, el otro marginado, estancado y dependiente. Pero esta estructura se plasmará en el conjunto del mundo y no país a país. Ya en la actualidad los sueldos de los altos ejecutivos de una empresa brasileña son semejantes a los de una empresa francesa o japonesa. Los beneficios de una empresa india se equiparan a los de empresas coreanas, norteamericanas o alemanas. Sólo los salarios siguen manteniendo un abanico considerable.

Por consiguiente, hoy se asiste a un proceso de transición hacia la creación de un Centro mundial, cuya actividad se desarrollará esencialmente en las ciudades y que abarcará a territorios hoy día situados en países del Centro y también en países de la Periferia.

Un problema llamativo es el crecimiento de la población marginalizada en los países del Centro, que no obedece únicamente al impacto de la crisis económica, sino que tiene todas las características de convertirse en estructural. Desde hace 20 años, estas islas de miseria en medio de la abundancia no han cesado de crecer en Europa, EE.UU. y Japón y aparentemente no dejarán de hacerlo. Esas masas de población marginalizadas son «la nueva Periferia» que aparece en los países del Centro.

Y en el extremo opuesto, en los actuales países de la Periferia, surgen islas de ricos, empresarios, profesionales, técnicos, clases medias cuyos hábitos de consumo y nivel de vida no se distinguen demasiado de los existentes en los países del Centro: son «el nuevo Centro» en los países de la Periferia, bien vinculado internacionalmente e inserto en la red mundial de acumulación de capital.

Pero paralelamente subsisten y crecen los sectores de la población mundial que se sitúan por debajo del umbral de la pobreza, más de 1.000 millones de personas, y más de 4.000 millones que se encuentran en situación lindante con la pobreza. En el peor de los casos esta situación llega a desembocar en hambre y muerte por inanición.

En suma, el capitalismo continuará desarrollándose, en este caso a nivel mundial, igual que lo ha hecho siempre: de forma *desigual*. El desarrollo desigual seguirá siendo su modo específico de manifestarse. Pero este desarrollo desigual ya no lo será entre cotos territorialmente cerrados, entre *países*, sino que adoptará la forma más pura del desarrollo desigual: *entre clases sociales a nivel mundial*.

9. El principal obstáculo que se opone a la mundialización económica en nuestros días es la pervivencia de los Estados «nacionales» que permiten la subsistencia de condiciones internas diferentes en cada país y que, por tanto, dificultan la homogeneización mundial

Los principales obstáculos que se derivan de la actuación y pervivencia de los Estados «nacionales» son los siguientes:

— Existencia de *legislaciones «nacionales»* diferentes que impide la igualdad de oportunidades y la libre competencia efectiva a nivel mundial. El FMI tiene, entre otros objetivos, el de homogeneizarlas. Las políticas de apertura exterior y de comunidades económicas o comerciales (CE, EFTA, MERCOSUR, Tratado de Libre Comercio) van en este sentido.

— Existencia de *condiciones económicas* «nacionales» diferentes que afectan a la moneda, al tipo de interés, al nivel de salarios, al tratamiento fiscal, a la legislación laboral, etc., son otros tantos de los obstáculos que impiden la plena liberalización y que, por tanto, actúan en contra de la mundialización.

— Pervivencia de *intereses «de Estado»*, tales como la defensa del propio pueblo o de fracciones de él (agricultores europeos, por ejemplo); la defensa de intereses capitalistas nacionales o multinacionales de origen en el propio país; el mantenimiento o incremento del «prestigio nacional»; el fomento de la «riqueza nacional» frente a la «intervención extranjera», etc., son otros tantos de los elementos que se oponen a la plena libertad de movimientos del capital y, en definitiva, a la mundialización económica...

Los Estados se debaten entre dos juegos de intereses: los intereses hegemónicos de las fracciones de SU capital «nacional» con intereses mundiales y los intereses no hegemónicos pero mayoritarios en número de personas afectadas (y por tanto de votantes) de SU capital «nacional» sin intereses exteriores. En este sentido, los Estados juegan el papel de *garantes* de los intereses de las fracciones del capital mundial con origen en el propio país. Es decir, la competencia a nivel mundial no actúa únicamente como competencia interempresarial sino que aparece sesgada por la actuación de los diferentes Estados.

Esta primera función del Estado, —proteger a SUS empresas «multinacionales» si las tiene, y si no las tiene, atraer a su país las de origen extranjero—, choca en muchas ocasiones con las fracciones del capital «nacional» propiamente dicho que se resisten más duramente al avance de la internacionalización. Y en muchas ocasiones, los Estados actúan en favor de los intereses de sus capitalistas «interiores», en detrimento de los intereses del CAPITAL a nivel mundial. Es decir, frenan o distorsionan el necesario e inexorable proceso de mundialización económica, no para defender a sus pueblos o asegurar la independencia y el bienestar interiores, sino para consolidar fracciones del capital que sin protección del Estado serían borradas por la competencia de empresas de origen exterior.

Esta actitud choca con la tendencia profunda del sistema capitalista, que empuja hacia la mundialización y surge así una curiosa contradicción, en la cual los Estados «nacionales», cuya función es precisamente la de asegurar las óptimas condiciones para la acumulación del capital, se convierten en obstáculos objetivos de ella. Están pasando de ser los instrumentos de la expansión del capital a ser obstáculos de la misma.

Por otra parte, la resistencia de los Estados «nacionales» a «suicidarse» en beneficio de instituciones supra-nacionales, internacionales, o simplemente mundiales, permite suponer que habrá coletazos *nacionalistas de Estado* antes de que sucumban definitivamente como tales Estados centralistas y surjan nuevas formas de dominio de clase a escala planetaria.

En este contexto, se produce otro fenómeno que marca con gran vigor la época actual: *la crisis de los Estados «nacionales» viene acompañada de la eclosión de los nacionalismos de «nación», no de Estado.* Acontecimientos recientes ponen de manifiesto este proceso. En primer lugar, el estallido de la ex-URSS en las múltiples naciones que la constituían y el aún pendiente de la Federación Rusa. Con características trágicas, el que está en curso en la ex-Yugoslavia, con enfrentamientos étnicos que no se conocían desde hace décadas. Pero no ocurre sólo en los antiguos países del ex-«socialismo real».

Con mucha menor virulencia, pero con no menor firmeza de

fondo, los fenómenos *nacionalistas* también se producen en los países de Europa Occidental: en Bélgica, entre valones y flamencos; en España, donde vascos, catalanes y gallegos mantienen una reivindicación secular de independencia; en Francia (vascos, corsos, bretones); en el Reino Unido (irlandeses del Norte, escoceses y, en menor medida, los galeses); en Italia, con la eclosión de las Ligas regionales. Y en sentido contrario, en Alemania vuelve a renacer la política pan-germanista, que pretende la reunificación en un solo Estado de todos los alemanes.

En Europa se superponen tres tendencias:

— *Constitución de un Estado supra-nacional*, que en Europa estaría representada por la consecución de la Unidad Política en el seno de la UE.

— *Crisis de los Estados «nacionales»*, cuyas funciones se desdibujan —o se desdibujarán— en el seno de la Europa Unida. En la medida en que Europa vaya asumiendo mayor número de competencias, los Estados europeos las irán perdiendo.

— *Auge de los nacionalismos de «nación»*. Los dos procesos anteriores permiten el desarrollo lógico —y pacífico— de las instituciones propias de las naciones incluidas en Estados plurinacionales. Aparece la posibilidad de Gobiernos directos de estas naciones, incluidas en tanto que tales y como tales en el contexto global de la Unidad Europea, sin necesidad de un órgano intermedio —o intermediario— cual sería el actual Estado central. Ello favorece el desarrollo de un tipo de nacionalismo pacífico, democrático y con un futuro muy halagüeño.

A nivel mundial el fenómeno también se manifiesta, aun cuando con tintes mucho más trágicos y violentos: secesión de Eritrea de Etiopía tras una sangrienta guerra civil; estallido interno de Somalia; luchas interétnicas en numerosos países africanos; guerrilla indígena en Guatemala y, hasta cierto punto, en Perú; enfrentamientos entre hindúes y musulmanes en la India y rebelión tamil en Sri Lanka; rebelión kurda en Turquía e Irak; enfrentamientos entre la población negra en la República Sudafricana, antes aún de haber conseguido la eliminación del poder blanco; en fin, reivindicación de una Palestina libre para los palestinos, independiente de Israel. Son fenómenos al parecer inconexos, una muestra del mar de fondo que sacude al mundo y que se plantea precisamente cuando las condiciones para el desarrollo de la mundialización económica ya se están imponiendo. Ante tal evolución de los acontecimientos no cabe cerrar los ojos y «despreciarlos» como mero «folclore localista». Se trata, por el contrario, del signo de nuestro tiempo que sólo los Estados centrales y los habitantes de las naciones realmente representadas por esos Estados se niegan a reconocer.

El verdadero peligro estriba en que los Estados centrales actuales se resistan a su desaparición o a su pérdida de funcionalidad y se aferren a su poder. Ello abriría la puerta a algo mucho más peligroso: *el nacionalismo de Estado*, causante, entre otras razones, de varias guerras mundiales. EE.UU., Japón, China, Rusia, incluso algunos Estados europeos —como el británico, el francés o el alemán— pueden caer en esa tentación nacionalista de Estado que, además de ir contra la corriente de la historia, sería la antesala para, una vez más, reeditar los enfrentamientos entre Estados que caracterizaron buena parte de la historia del siglo XIX y el siglo XX.

10. En la actualidad el mundo atraviesa un complejo PROCESO DE TRANSICIÓN desde el predominio de las economías de base nacional hacia la plena hegemonía de la mundialización económica y social, cuyos principales obstáculos no provienen de la infraestructura técnico-material ni de las relaciones propiamente estructurales (propiedad, división del trabajo, producción, distribución, consumo) sino de la resistencia de los Estados «nacionales» a desaparecer

En las páginas anteriores se intenta mostrar cuál es la tendencia profunda del capitalismo en nuestros días: *el proceso de mundialización*. La infraestructura económica, con su correspondiente base tecnológica, existe. Los principales elementos de la estructura de relaciones económicas también, sobre todo en lo referente a la propiedad sobre los medios de producción y la movilidad del capital.

Es la superestructura política y jurídica la que muestra un mayor atraso en este proceso y se convierte en obstáculo claro para su evolución.

Pero este proceso ni es irreversible ni culminará plenamente a corto plazo. En su camino ha de vencer muchas resistencias. Por ello podemos hablar de *PROCESO DE TRANSICIÓN* hacia la mundialización, cuyos rasgos más distintivos son los siguientes:

— Subsistencia de la *polarización Centro-Periferia*, marcada por el crecimiento de la desigualdad, el boom demográfico periférico, la presión migratoria Sur-Norte, los problemas de la miseria y el hambre en el Sur, la problemática medioambiental, etc.

— Tras el final de la guerra fría y la desaparición de la política de bloques antagónicos, surge una nueva situación en la cual se perfila una *rivalidad tripolar*, con los tres principales competidores-adversarios: EE.UU., Japón y la CE, que mantienen entre sí una rivalidad comercial, económica, financiera, tecnológica, etc., que por el momento no ha adoptado cariz político, pero que puede convertirse en hostilidad, como ya ocurrió en otras ocasiones (dos guerras mundiales). En efecto, a falta de un enemigo común (la URSS), los principales países capitalistas vuelven a encontrarse frente a frente, en tanto que Estados centrales diferenciados y, por tanto, con intereses *propios* (de Estado) diferentes.

— A un nivel más profundo se manifiesta una *contradicción entre la base económica cada vez más mundializada y los Estados «nacionales»*, que es la manifestación más clara de la oposición entre la tendencia básica del sistema y la autonomía relativa de los Estados, principales obstáculos para la mundialización. El capital se internacionaliza, necesita y tiende hacia la formación de un mercado mundial. Pero los Estados «nacionales» se resisten al suicidio y se aferran a la defensa de su soberanía.

— Lo que da lugar a que exista un *conflicto entre nacionalismos de «nación» y nacionalismos de «Estado»*, en virtud del cual la tendencia a la recuperación plena de la identidad política por parte de las diversas naciones se enfrenta a la intransigencia de los Estados centrales, incluso para reconocer dicha tendencia, que, por cierto, no se opone al proceso general de mundialización del capital. La proliferación de nacionalismos de «nación» contribuye a la mundialización. No así la pervivencia de los actuales Estados centrales.

Todo ello lleva hacia una nueva configuración del sistema capitalista mundial. El sistema mantendrá su estructura Centro-Periferia. Pero esta estructura tiende a no estar configurada por países, por Estados, sino por franjas de población, por sectores de la sociedad, por clases sociales en definitiva, *a nivel mundial*. Diciéndolo de forma poco rigurosa: van a surgir Centros en la Periferia y Periferias en el Centro. Actividades de tipo central se desarrollan en grandes urbes de la Periferia: en Sao Paulo, México o Buenos Aires, en Calcuta, El Cairo o Bangkok, se desarrollan actividades económico-financieras del mismo tipo que las que se efectúan en el Centro del sistema.

Por el contrario, en los actuales países del Centro, además de los inmigrantes del Sur, se está consolidando una amplia capa de la población que padece una marginalidad semejante a la de los habitantes de los países de la Periferia, en el sentido de que han sido apartados de los circuitos de producción y consumo propiamente capitalistas (pobreza, subsidios estatales, etc.). Ambas situaciones se dan en la realidad de nuestros días y tienden a acentuarse.

Para llegar a la culminación de la mundialización del sistema, el principal obstáculo es hoy el Estado «nacional». Cuando el capital decida definitivamente prescindir de sus servicios surgirá una nueva era, la era de la economía mundial, en la cual el capital se enseñoreará de todo el mundo y las contradicciones de clase serán mundiales. El capital será mundial y la lucha de clases también.

VII. EL FIN DE UNA ILUSIÓN: EL COLAPSO DEL SOCIALISMO Y LA TRANSICIÓN AL CAPITALISMO EN LA URSS Y EUROPA ORIENTAL[1]

Las revoluciones inglesa y francesa de los siglos XVII y XVIII representaron el inicio de la consolidación del capitalismo en Europa y, por consiguiente, son un hito histórico de primera magnitud. En el siglo XX, la revolución rusa de octubre de 1917 y las posteriores revoluciones de signo comunista en otros países parecieron representar también el inicio de la consolidación de un sistema alternativo al capitalista y fueron, por ello, el hito histórico más importante de este siglo. Desde 1917 hasta 1991 la existencia de la URSS y el bloque socialista ha determinado en buena medida el desarrollo de los acontecimientos políticos y económicos en el mundo y ello por dos razones:

— El régimen instaurado en la Unión Soviética tenía vocación universal, como el capitalista, y pretendía abarcar a toda la humanidad.

— Además, el socialismo representaba la ideología de la liberación del hombre de toda explotación y la instauración de la igualdad entre todos los seres humanos, convirtiéndose en punto de referencia para las luchas obreras y populares de los países capi-

1 Este artículo fue publicado en catalán en el volumen 5 de la *Geografía universal* de la Editorial 92 S.A. en diciembre de 1994 con el título «El col.lapse del socialisme i la transicio al capitalisme a l'URSS.

talistas y de los movimientos de liberación nacional en el Tercer Mundo.

Es decir, sus propias raíces hacían del socialismo un sistema que, objetivamente, podía socavar e incluso aniquilar las propias bases del capitalismo.

El resultado fue casi un siglo de profundo enfrentamiento entre bloques, a todos los niveles, político, económico, ideológico, militar, diplomático, etc. El mundo vivió una escisión y un enfrentamiento que, al menos por el momento, se ha resuelto a favor del capitalismo.

La evolución histórica de la URSS ha demostrado que, a pesar de todas las ilusiones y deseos, la humanidad no está en condiciones de instaurar aún una sociedad igualitaria y que los objetivos de los socialistas utópicos, de los marxistas y de los igualitaristas de todo tipo son, hoy por hoy, impracticables.

El colapso de la URSS y del bloque socialista ha puesto de manifiesto, por tanto, la dificultad que la humanidad tiene para crear sociedades en las que la *igualdad* sea el criterio de racionalidad principal. En su lugar, la *libertad*, criterio de racionalidad propio del capitalismo, se ha impuesto.

La meta a conseguir: la transición socialista al comunismo

Para intentar comprender la magnitud y la importancia de los sucesos acaecidos en la URSS y en todo el bloque socialista es preciso atender previamente a los elementos principales que legitimaban política, económica y socialmente a aquellas sociedades. Estos elementos son, básicamente, tres: *la revolución, el socialismo y el comunismo*.

Tales conceptos poseen una larga tradición en el pensamiento humano, en Oriente y Occidente, en el Norte y en el Sur, pero sus raíces ideológicas más recientes se encuentran en la reacción anticapitalista del siglo XIX, en la cual algunos intelectuales y políticos se rebelaron contra la injusticias sociales que el capitalismo generaba: entre ellos, los socialistas utópicos (Saint Simon, Cabet, Fourier, Owen), los anarquistas (Proudhon, Bakunin, Kropotkin) y los marxistas (Marx, Engels, Lafargue). Los rasgos comunes de este movimiento intelectual e ideológico eran dos: la lucha contra el capitalismo y la convicción de que la clase obrera era portadora de una nueva sociedad, igualitaria y justa.

De todos esos planteamientos, fue el marxista el que encarnó con mayor vigor en el movimiento obrero y generó la creación de sindicatos, partidos y asociaciones internacionales (1.ª y 2.ª Internacional). Pero lo más relevante es que el pensamiento y la acción de los marxistas, asumidos por el Partido Socialdemócrata Ruso (bolchevique) dirigido por Lenin, logró, por primera vez en la Historia, el triunfo en un proceso revolucionario y tomó el poder, substituyendo a los zares e iniciando, en la recién creada URSS de 1918, lo que se denominó *transición socialista hacia el comunismo*. Desde entonces y hasta nuestros días han sido numerosos los países que han seguido una senda parecida: China, Corea del Norte, Vietnam, Laos, Cuba, algunos africanos y, tras la 2.ª guerra mundial, los países del Centro y el Este de Europa. Todos ellos configuraron el llamado *bloque socialista*.

En todos estos países, cada uno con sus peculiaridades, existieron rasgos comunes. Todos ellos iniciaron la transición socialista hacia el comunismo a partir del triunfo de una *revolución*, interna o impuesta desde el exterior, diferente en cada caso, pero con rasgos generales comunes:

— *revolución*: fueron procesos políticos (insurrecciones populares, guerras de guerrillas, guerras populares, etc.) mediante los cuales las clases sociales oprimidas derrotaron a la clase social anteriormente dominante en cada país. No se trataba únicamente de un cambio de Gobierno o de forma de Estado sino de un cambio de régimen político, económico y social. Por ello se justifica que se denomine

— *dictadura del proletariado*: correspondiente al nuevo régimen instaurado tras el triunfo de la revolución. Se entendía que la dictadura del proletariado se oponía a la dictadura de la burguesía existente en todos los países capitalistas, sea cual fuere su forma de Estado (Monarquía o República) o de Gobierno (democrático, autoritario o, incluso, dictatorial).

Una vez consolidado el nuevo poder político se acometieron las *reformas estructurales* necesarias para iniciar la transición socialista hacia el comunismo. Los rasgos más generales de esas reformas son los siguientes:

a) cambio en la *propiedad de los medios de producción* (tierra, fábricas, transporte, infraestructuras, bancos), que pasan a ser de propiedad colectiva. En todos los casos, las reformas estructurales adoptaron las tres formas siguientes:

— *nacionalización*; la propiedad extranjera pasó a ser nacional, en general a través del Estado

— *estatización*; los medios de producción privados pasaron a ser propiedad del Estado, tanto los extranjeros (nacionalización pública) como los nacionales.

— *colectivización*; la propiedad fue asumida por colectivos sectoriales, regionales o de todo el país. La colectivización sectorial, como la de la tierra (*koljoses* en la URSS) puede adoptar la forma de cooperativa.

En la URSS y otros países socialistas la propiedad adoptó en general la forma de propiedad colectiva estatal, con algunos sectores de propiedad colectiva no estatal (*koljoses* en la URSS) e incluso de propiedad privada (campesinos en Polonia).

Ello representó la *nacionalización* de toda la propiedad extranjera y la *estatización* de todos los medios de producción (fábricas, transportes, infraestructuras, etc), del comercio exterior, del sistema financiero, de las redes de distribución comercial interiores, etc. así como la asunción por el Estado revolucionario de la dirección económica centralizada del país.

b) realización de una profunda *reforma agraria*, cuyas modalidades fueron diversas según las épocas y países; colectivización integral o parcial (*koljoses* y *sovjoses* en la URSS), mantenimiento del sector privado (Polonia), comunas populares en China, etc.)

c) generalización de la *gratuidad* en los servicios sociales (educación, sanidad, etc.)

d) *planificación centralizada* como forma principal de dirección y gestión de la economía nacional.

Estas medidas se adoptaban para iniciar el proceso de *transición socialista hacia el comunismo.* Es decir, el «socialismo» era concebido como el camino que debería permitir alcanzar la meta final, el comunismo.

El objetivo explícito de todas esas sociedades era la construcción de la *sociedad comunista.* El comunismo se concibe como un modo de producción que se caracteriza por la desaparición de la explotación del hombre por el hombre, la extinción del Estado y de las clases sociales que debe iniciarse durante el período de transición socialista, la desaparición de las diferencias sociales entre hombre y mujer, entre trabajo intelectual y manual, entre trabajo rural y urbano. Se supone que este tipo de sociedad solo puede existir en una situación de *abundancia material* y que no es posible sino a nivel mundial.

Estos eran los objetivos explícitos de las sociedades socialistas de Europa Central y Oriental, de la URSS y del resto de los países del bloque socialista. Tales objetivos implicaban la existencia de *paradigmas* diferentes a los capitalistas.

Así como el paradigma central del capitalismo es la *libertad* (de cambio, de comercio, de empresa, de mercado, individual y colectiva, etc.), el paradigma central de las sociedades socialistas es la *igualdad.* Ello dio lugar a que la *racionalidad económica* fuera diferente en uno y otro sistema. Una clasificación de elementos de racionalidad diferente es la siguiente:

SOCIALISMO	**CAPITALISMO**
Igualdad	Libertad
Planificación	Mercado
Propiedad estatal	Propiedad privada
Trabajo para todos	Productividad
Mejora nivel de vida	Rentabilidad
Producción en volumen	Producción de beneficios
Incremento de la producción	Competitividad, eficacia

Cooperación	Competencia
Estabilidad de precios	Libertad de precios
Precios políticos	Relaciones mercantiles libres
Etc.	Etc.

Tales diferentes criterios de racionalidad dan como resultado actitudes muy distintas frente a la producción, la distribución y el consumo y traen consigo actitudes también diferentes ante el trabajo asalariado y la distribución de la renta. No se puede juzgar con baremos capitalistas los resultados de las sociedades socialistas ni viceversa. (Ejemplo: una fábrica ineficaz desde el punto de vista capitalista puede ser satisfactoria desde el punto de vista socialista si crea productos en volumen suficiente y da trabajo a muchos trabajadores, de tal manera que no exista paro. En una situación el objetivo es la eficacia, en otra que no haya paro).

Transición socialista al comunismo, no; «socialismo real», si

Sin embargo, una cosa eran los objetivos y las ideas y otra distinta lo que realmente ocurría. En la URSS primero y en el resto de los países después, el tipo de sociedad que se instauró era, ciertamente, paradójico. En política exterior la URSS apoyó siempre los procesos revolucionarios y las luchas de liberación nacional, que pudieron vencer en numerosos países merced a la cobertura soviética en un mundo regido por las leyes de la política de bloques y la guerra fría.

Pero en el marco interior se creó una sociedad autoritaria, incapaz de establecer marcos de actuación pública libres, como se requería para la construcción del comunismo en la etapa de transición. La URSS registró grandes éxitos económicos desde sus inicios: no sufrió la crisis mundial del 29, logró sacar al país del atraso secular y convertirlo en la 2.ª potencia industrial del mundo, se puso en cabeza en investigación científica (carrera espacial, sputnik, etc.) y militar (bomba atómica), logró elevar considerablemente el nivel de vida de su población, tanto en educación, como en sanidad, deportes o servicios sociales, etc. Pero, contra lo que la ideología comunista pretendía, el método de organización y gestión económica originó la aparición de nuevas clases sociales y nuevas formas de explotación.

La ideología de la no existencia de clases antagónicas en los países en transición socialista impidió durante mucho tiempo el análisis certero de la situación, e incluso el análisis marxista de ella. La constitución de Estados políticamente monolíticos y el establecimiento de la propiedad estatal de todos los medios de producción, facilitó la aparición de un sector de la sociedad —una nueva clase social— que, a través del control del aparato del Estado y del Partido, era la única capaz de tomar decisiones autónomas y la única que podía erigirse en clase dirigente. De una forma u otra, esta «clase» se sustentó en la defensa de intereses propios, diferenciados de los del conjunto de la población.

Son muchos los criterios que se utilizaron para describir esa nueva situación: «revolución traicionada» y «Estado obrero degenerado» por parte de Trotsky y los trotsquistas; «socialismo burocrático» de Castoriadis; «nueva sociedad de clase» de Djilas; «capitalismo monopolista de Estado» de Bettelheim; «modo de producción soviético» de Samir Amin. En cualquiera de los casos, la sociedad existente en la URSS y Europa Central distaba mucho de ser lo que los revolucionarios socialistas y comunistas deseaban. A esa situación se la bautizó genéricamente como «socialismo real», en el cual una clase dirigente (la nomenklatura amparada en el Partido Comunista) se erigió en depositaria de todos los privilegios y en la única con capacidad de decisión y de actuación en el marco del Estado, la economía y la sociedad en su conjunto. *Es precisamente esa sociedad la que entra en crisis en los años 80 y la que se desmorona con una enorme y sorprendente facilidad*.

Las bases de la creación de este tipo de sociedad se encuentran en las dificultades que representaba la *construcción del socialismo en un solo país*, objetivo establecido por Stalin, cuyo poder autoritario sobre la URSS se extiende desde la muerte de Lenin en 1924 hasta su propia muerte en 1953. Bajo Stalin, la sociedad soviética alcanza sus mas grandes éxitos económicos y sociales, pero perdió su capacidad revolucionaria y se sumergió en una dictadura autoritaria y personal.

La ideología comunista, la legitimación revolucionaria, la organización férrea, la voluntad mesiánica de algunos líderes, —como Stalin—, permitieron subsistir al poder soviético en situaciones tremendamente difíciles. La URSS resistió la guerra civil (1918-21), la invasión nazi y, pese a perder más de 20 millones de vidas humanas en la guerra, venció al ejército alemán y se colocó en situación privilegiada tras la 2.ª guerra mundial, en la escena internacional. Y subsistió también al bloqueo, a la hostilidad de la guerra fría, al anticomunismo, etc. Es decir, el sistema no era fácilmente desmontable y, desde luego, no lo era desde el exterior.

Tras la muerte de Stalin, sus sucesores (Jruschov, Brejnev) mantienen las formas autoritarias de Gobierno pero inician la *reforma económica*. Este proceso implicó la introducción de algunos de los criterios de racionalidad capitalistas, con lo cual la sociedad soviética empezó a ser un híbrido: ni socialista ni capitalista y se sentaron las bases para la aparición del llamado «período del *estancamiento*», principalmente bajo la dirección de Brejnev. En esta época, la nueva clase dominante es ya todopoderosa, pero se esconde aún bajo la palabrería vacía del comunismo no creído ni deseado por ella y se ampara, para ejercer su poder de clase, en las instituciones soviéticas y, sobre todo, en el Partido Comunista.

La economía del país crece, pero cada vez más lentamente, lo cual lleva a la URSS a la situación de estancamiento. La distancia con los países occidentales, en vez de reducirse se ensancha, aunque relativamente poco porque también en el sistema capitalista se está atravesando una crisis en ese período (1973-1985).

Tras la muerte de Brejnev, y tras algunas vacilaciones (Andropov, Chernenko), la clase dominante soviética decide emprender una profunda reforma que la consolide en el poder en todos los niveles. Este papel lo jugará Gorbachov a través de la aplicación de la *perestroika*, reforma estructural que pretendía construir una sociedad con rasgos capitalistas dentro de un marco general socialista.

Sin embargo, la ruptura con los paradigmas socialistas y la

adopción de numerosos criterios capitalistas tuvo su precio. La clase social dominante, incrustada en el Partido Comunista, empezó a desear cada vez mayores cotas de poder y de libertad de acción individual. El Estado Soviético ya no le era útil y la disciplina del Partido Comunista le resultaba engorrosa para llevar a efecto sus fines particulares: el enriquecimiento individual. Yeltsin encabezará la ofensiva general contra el Estado soviético y, tras diversos avatares, se adueñará del poder y destruirá el andamiaje político e institucional de la URSS, incluso destruirá la propia URSS, cuyas Repúblicas adquieren la independencia plena. En la nueva situación, una vez eliminados todos los residuos del pasado socialista y de la ideología comunista, la nueva clase dominante (o sea, los más importantes dirigentes del Partido Comunista), inician la construcción de una nueva sociedad, la sociedad capitalista, en la cual las reglas del juego dejan de ser las instauradas por Stalin y las que tradicionalmente habían regido en la URSS prácticamente desde su creación.

Por consiguiente, desde 1991 se asiste en la ex-URSS a un interesantísimo proceso social: la *instauración de las reglas de funcionamiento del capitalismo sin capitalistas*. Efectivamente, para que exista el capitalismo tienen que existir los capitalistas. Pero en la URSS no existían. Había que crearlos de nuevo cuño. Yeltsin instaura el régimen en el cual los antiguos burócratas del Partido Comunista luchan encarnizadamente entre sí por convertirse ellos mismos en los futuros capitalistas del nuevo régimen. Resultado: profundo caos económico, luchas entre bandas rivales, gran desintegración social y fuerte caída del nivel de vida medio de la población. Esa es, en 1995, la situación en la ex-URSS. Con menor fuerza, pero con las mismas características, esta situación se está produciendo también en el resto de los países del ex-bloque socialista de Europa Oriental.

Causas económicas del colapso del «socialismo real»

Las principales causas económicas de este fracaso son las siguientes:

a) *Agotamiento del modelo de crecimiento económico extensivo*, que había permitido y estimulado los éxitos iniciales. El sistema centralizado de dirección y gestión de la economía impidió el paso del crecimiento extensivo de la producción (en volumen) al crecimiento intensivo (en calidad, variedad, adecuación a la demanda, etc.).

b) *Nula eficacia y eficiencia de la producción*, que daba lugar a enormes despilfarros de recursos, incluso dentro del marco de la planificación. Inadecuación de lo producido a lo necesario y, por tanto, desequilibrio en el mercado, ya sea de consumo final, ya sea interempresarial. Corrupción en las relaciones entre «directores de empresa» que se cubrían unos a otros los errores o deficiencias, incluso permitiendo el enriquecimiento inusitado de algunos de ellos. (En el peor de los casos, aparición de «mafias», sobre todo en las repúblicas asiáticas y caucásicas de la URSS).

c) *Colapso del método que priorizaba la producción de medios de producción y productos intermedios*, que acaba siendo un «monstruo» que se alimenta a sí mismo, sin llegar nunca a conseguir el pleno abastecimiento de medios de consumo necesarios para la población.

d) *Retraso creciente en el ámbito de la tecnología industrial* con respecto a los países capitalistas.

e) *Fracaso de las relaciones administrativas y no mercantiles para la fijación de precios*. Aparición y desarrollo de un activo mercado «negro». Inutilidad de la moneda (inflación rampante). Los precios interiores no guardan relación alguna con el precio mundial, cosa comprensible en una sociedad «desconexionada», pero tampoco guardan relación ni con los costes de producción —lo cual incide negativamente en el funcionamiento de las empresas— ni con la demanda final, que no influye nada en la formación de precios. Mucho dinero en poder de la población que no puede utilizarlo para adquirir artículos de consumo.

f) *Deterioro de los servicios sociales*, en particular de los sanitarios y los educativos, en los cuales se resiente también la ineficiencia de la producción y el escaso grado de dedicación de los trabajadores. Falta de estímulo en el trabajo, desidia y mal trato se convierten en tónica general en los servicios asistenciales, que sin embargo son un modelo de generalización de la protección sanitaria gratuita. En la educación, sobre todo la superior, empieza a mirarse cada vez más hacia Occidente y se abandona en la práctica el marxismo y, sobre todo, los objetivos de la construcción de la sociedad comunista.

g) *Creciente importancia del sector militar y de la industria a él vinculada*, así como de la investigación científica militar, que pasa a ser el único sector eficaz del sistema. El complejo militar-industrial se convierte en el eje de la economía y de la sociedad soviética.

h) Importante *aislamiento internacional*, con contactos comerciales relativamente pequeños con los países del Centro capitalista y algo mayores con algunos países periféricos (India, algunos africanos). Escaso papel integrador del CAME, organización de cooperación económica internacional entre países socialistas, que no pasa de ser un organismo de pagos del comercio intersocialista, sin alcanzar el objetivo buscado, es decir, la división socialista internacional del trabajo.

Estas causas, unidas al claro descontento de la población, generalizado pero silencioso, favorecieron el relativamente fácil derrumbe de todo el sistema, conducido y acelerado por la Perestroika iniciada por Gorbachov en 1986.

Medidas adoptadas para el cambio: política económica

No puede hablarse de unidad de medidas de política económica en todos los países que abandonaron la transición socialista entre 1989 y 1991. Muy diferentes son los casos de la R.D.A., absorbida por Alemania, o de Uzbekistán, por citar dos ejemplos. Sin embargo, hay un cierto número de rasgos comunes en todos ellos, con mayor o menor intensidad en unos u otros, pero presentes en todas las reformas. Son los siguientes:

a) *Estabilización*. Las recomendaciones, o, más certeramente, las imposiciones, del FMI para admitir a los nuevos países en su seno abogaban por un «ajuste duro» al estilo latinoamericano. Sin embargo, la peculiar situación anterior de los países ex-socialistas mostraba rasgos diferenciales altamente significativos con los países capitalistas latinoamericanos:

— no había déficit público

— no había inflación

— no había desequilibrios exteriores significativos

Por consiguiente, las políticas de ajuste duro tradicionales y estereotipadas aplicadas en otras situaciones carecían de sentido. La estabilización tenía que abordarse no mediante medidas clásicas de ajuste presupuestario y comercial exterior, sino a través de la adecuación de la economía real a la economía monetaria, es decir, absorbiendo el dinero en circulación, lo cual implicaba una política de precios libre.

b) *Liberalización de precios*, lo cual implicó la progresiva, o drástica, eliminación de subvenciones a artículos de consumo masivo, la puesta en marcha de un mercado inter—industrial y, sobre todo, la posibilidad de adecuación de los precios finales a los costes de producción y a la demanda del mercado. Lograr este objetivo requería profundos cambios estructurales, es decir, la construcción de una economía de mercado y la puesta en marcha de mecanismos de regulación propios del capitalismo. Todo ello, evidentemente, en el marco de una situación de caos, provocada precisamente por la ausencia de capitalistas, que irían apareciendo durante el proceso de manera escasamente legítima, las más de las veces apropiándose los antiguos directores o burócratas del Partido de las fábricas, los bancos, los medios de transporte, etc.

c) *Equilibrio presupuestario*, unido al fin de la planificación centralizada. La creación de un mercado eficiente de tipo capitalista imponía la necesidad de liberar a los agentes económicos de trabas estatales. Así se intentó y se intenta hacer, con enormes dificultades, sobre todo en la ex-URSS, pero también en países como Polonia, Rumania o Bulgaria. En Hungría y en la antigua Checoslovaquia este proceso ha sido menos difícil. Pero un Estado omnímodo, como el anterior, no podía desaparecer de la noche a la mañana. Se trataba de crear una nueva forma de gestión pública, que permitiera el equilibrio de ingresos y gastos del Estado, suprimiendo subvenciones y al propio tiempo reorganizando la fiscalidad.

d) *Política monetaria restrictiva*, con tasas de interés altas y créditos escasos. Aquí aparecen las recetas monetaristas del FMI, cuyo objetivo no era otro que frenar la posible aparición indiscriminada de innumerables actividades privadas sin control.

e) *Política de rentas*, con el principal objetivo de regular de nueva forma las rentas salariales. La intención consistía en una congelación drástica de salarios que, unida a la elevación considerable de precios, ha redundado en un inmediato descenso del nivel de vida de la población, a tal extremo que las diversas autoridades se han visto obligadas a conceder substanciales aumentos salariales que contrarresten los efectos de descenso del salario real. Lo cierto es que, a pesar de esos aumentos nominales de los salarios, el incremento de los precios ha sido muy superior al de los salarios, lo cual unido al aumento del paro provocado por la libertad de despido y el ajuste de plantillas en las empresas, ha dado como resultado la aparición de la pobreza y la miseria en países donde estaba erradicada. Han desaparecido las «colas» ante tiendas semivacías, pero en su lugar han aparecido tiendas llenas con escasos clientes y una muchedumbre incapaz de acceder a lo que en un principio creyó que sería factible con la instauración del capitalismo, es decir, al gran consumo de masas. La ilusión del capitalismo de «supermercado» ha quedado en eso, en una ilusión.

f) *Liberalización exterior*, tanto del comercio como de los flujos financieros. Favorecimiento de la inversión extranjera e intento de convertibilidad internacional de la divisa de cada país. En este sentido actúa otra ilusión: se suponía que con el fin del socialismo y la apertura al exterior, las inversiones extranjeras y en especial las de las multinacionales, afluirían como una cascada ininterrumpida de riqueza, de empleo, de eficiencia, de productos de consumo. Tampoco ha sido así. Las empresas multinacionales y la inversión extranjera han acudido con cuentagotas a la Europa ex-socialista y aun menos a la ex-URSS, pues aun mantienen grandes reservas y recelos ante la caótica situación reinante en estos países.

En el caso concreto de Rusia la situación es aun más caótica y difícil que en el resto de las repúblicas. Los rasgos más descollantes de la política económica post-comunista en Rusia son los siguientes:

— Práctica inexistencia de una política de rentas aunque se han incrementado los salarios de forma arbitraria y no generalizada, para contentar a los sectores de población proclives a Yeltsin. Esta política es incompatible con el objetivo de estabilización y freno de la inflación y tiende a crear diferencias entre grupos de trabajadores en función de su actitud ante el nuevo poder: fomenta, por tanto, el clientelismo y la arbitrariedad.

— Liberalización generalizada de precios en enero de 1992 (excepto los de la energía, exigido por el FMI). Los preciso suben 26 veces sobre el nivel anterior en el transcurso de un año y la inflación llega a cotas de más del 30 % mensual.

— Ajuste presupuestario «alocado». Se intenta pasar del 16 % en la relación déficit/PNB al 0 %, con el consiguiente abandono de servicios públicos y asistencia social. Se retira todo tipo de subvenciones, con lo cual buena parte de la población queda desatendida o mal atendida sanitariamente. Pero lo más relevante es el abandono de las subvenciones a productos de consumo de subsistencia, lo cual genera, además de un mercado libre, una capa de la población que no logra alcanzar dicho nivel de subsistencia. Es, pues, el origen de los «pobres» que hoy día se ven en las calles de cualquiera de las ciudades de los países ex-socialistas.

— Colapso de la inversión productiva y en infraestructuras, que desciende por debajo del 50 % en un año (1992). El resultado ha sido un decremento de la producción, del consumo y del nivel de vida de la población. Pero, al propio tiempo, se ha convertido en obsoleta buena parte de las instalaciones productivas del país, sin que haya podido ser substituida su función por fábricas o instalaciones modernas y eficientes.

Las reformas estructurales

El abandono de la planificación y la adopción de las medidas de política económica recomendadas por el FMI sólo era posible en el marco de una profunda remodelación estructural de cada país. Los cambios estructurales tiene como fin la reinstauración del capitalismo y deben acometer la creación de las condiciones sociales para la aparición y generalización de la propiedad privada, así como del mercado.

Con respecto a las reformas tendientes a la *instauración del libre mercado*, las principales medidas generales han sido las siguientes:

— *Liberalización del comercio interior y, paulatinamente, del comercio exterior*. Establecimiento de una política que tienda a adecuar los precios internos al precio mundial.

— *Desmantelamiento de las grandes empresas monopolistas estatales*, en cuyo lugar deben aparecer empresas privadas de menor dimensión y no monopolistas. No siempre ha sido posible, hasta el momento. Según Kornai (economista húngaro) se trataría de «construir el capitalismo partiendo de cero, es decir, desde la pequeña empresa individual propia de los orígenes del capitalismo en Europa». Evidentemente, ello no es posible y lo que está realmente existiendo es un reparto de la herencia entre los dirigentes de grandes empresas de la época anterior, que, por ende, constituyen la nueva clase capitalista.

— *Creación de un nuevo sistema financiero*, en particular de un sistema bancario, con una autoridad monetaria central (Banco Central), un sistema de bancos industriales y comerciales. Al propio tiempo, devolver a la respectiva moneda su valor y adecuarla al uso interno en función de la nueva política de precios. Ello representó la absorción de grandes cantidades de dinero en poder de la población, lo cual se hizo a través de fuertes depreciaciones del valor del dinero, incluso mediante la retirada pura y simple de la circulación de las monedas de curso legal en el pasado (caso ruso de junio de 1993).

— *Modificación en profundidad de la política industrial,*

medio-ambiental y de seguridad social, a todas luces necesarias ante la irrupción de medidas liquidadoras de las estructuras pasadas. Sin embargo, en estos ámbitos la intervención de los nuevos regímenes ha sido hasta el presente relativamente escasa.

Con respecto a la *generalización de la propiedad privada* la política seguida en todos los casos es la de acelerar el ritmo de las *privatizaciones*

El principal cambio estructural es el que atañe a la propiedad de los medios de producción, a las empresas. Re-instaurar el capitalismo implica, en primer lugar y ante todo, *crear una nueva clase capitalista*, cosa que existía escasamente en Europa central y no existía en la URSS.

Los objetivos explicitados son los siguientes:

— Eliminar a la nomenklatura del Partido y del Estado y en su lugar crear una nueva clase dirigente capitalista que, precisamente, procede de los antiguos cuadros de la nomenklatura del Partido y el Estado.

— Desmantelar las empresas públicas y en su lugar crear empresas privadas, eficientes y competitivas.

Este proceso debe ser llevado a la práctica con equidad. Puesto que constitucionalmente en el régimen anterior la propiedad era *de todo el pueblo*, la privatización debe favorecer a todo el pueblo. Para ello se divide la propiedad en acciones distribuidas entre toda la población y se crea un mercado de valores, la Bolsa, para la conversión y tráfico con dichas acciones. El resultado está siendo, como era de esperar, un proceso de centralización de la propiedad acelerado en un sector reducido de la población y la práctica expropiación de las acciones del «resto del pueblo».

¿Qué se privatiza? Todo, excepto los recursos naturales, los servicios sociales (Universidades, hospitales) y la industria militar.

¿Cuándo se privatiza? Inmediatamente, rápidamente. Sin embargo, ello no es posible en todos los casos. En algunos países ya existían pequeños sectores privados, pero eran marginales. No se improvisa una burguesía en pocos años. En la actualidad no es posible la privatización masiva por falta de capacidad para dirigirla y encabezarla. Ello ha dado lugar a colapsos en la producción industrial que sucumbe ante la competencia extranjera y ante la incapacidad privada del interior.

¿Quién puede asumir la privatización?. Tanto el capital nacional como el extranjero. En el primer caso son básicamente los antiguos directores quienes se convierten en propietarios de las empresas, en muchas ocasiones para venderlas a extranjeros y, en última instancia, para desmantelarlas (en este caso se suele distribuir la propiedad entre el colectivo de trabajadores). En cuanto al capital extranjero, en contra de lo esperado, se muestra retraído y exige proteccionismo frente a la competencia exterior, control político sobre los trabajadores y orden administrativo claro y, sobre todo, garantía contra la inflación y las devaluaciones. En todo caso, el proceso está resultando bastante difícil por el poco entusiasmo inversor del capital extranjero.

¿Cómo se privatiza? Por oferta a los empleados de cada empresa, ya sea a la dirección o al colectivo de trabajadores. Si estos no aceptan, por pública subasta. En general, las empresas privatizadas adoptan la forma de Sociedades Anónimas, cuyos accionistas son los antiguos trabajadores, pero en las que mayoritariamente tiende a centralizarse la propiedad en los principales directores de antaño.

Esta situación, genérica en todos los países, tiene desiguales resultados. En Hungría, República Checa o Eslovaquia parece estar teniendo un éxito relativo. En Rusia se enfrenta a enormes dificultades, como en Ucrania, Bielorrusia, Polonia, Bulgaria o Rumania. Y en el resto de repúblicas ex—soviéticas las dificultades son aún mayores por la falta de tradición capitalista y por una inestabilidad social que desemboca en guerras, civiles o no, en numerosos casos (Georgia, Armenia-Azerbaiyán, Tadyikistán, en el propio sur de Rusia, etc).

Cabe pensar que el proceso de instauración del capitalismo llegará a buen fin, es decir, todos estos países se integrarán en el sistema Capitalista Mundial. Falta por comprobar si lo harán en el Centro del sistema o si pasarán a formar parte de la Periferia. Lo más probable, dada la actual situación y las tendencias observadas, es que todos estos países, salvo contadas excepciones, se integren en la Periferia del sistema.